L'AFFAIRE DANVAL

devant l'opinion publique

L. DANVAL

L'AFFAIRE DANVAL

DEVANT L'OPINION PUBLIQUE

Documents scientifiques et authentiques

LE FAIT NOUVEAU

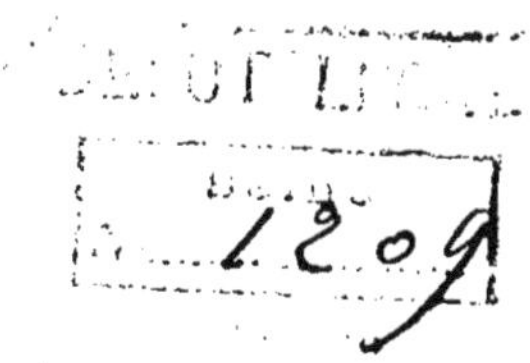

PARIS
VIGOT FRÈRES ÉDITEURS
23, PLACE DE L'ÉCOLE DE MÉDECINE, 23

1905

Louis Danval

L'AFFAIRE DANVAL

EN RÉVISION

Au moment où la Cour de Cassation, saisie par le Garde des Sceaux de la révision du procès Danval, vient d'ordonner une enquête conformément aux conclusions de son Procureur Général, et qu'il est fait appel, suivant l'heureuse expression du réquisitoire, « de la science de 1878 *à la science de* 1904 *mieux informée », il ne paraît pas inutile de replacer sous les yeux de ceux que peuvent intéresser les questions encore si incomplètement élucidées se rapportant à l'intoxication arsenicale, les rapports d'expertise qui ont déterminé la mise en accusation puis la condamnation de M. Danval.*

Quoique publiées avec de favorables annotations de leurs auteurs, ces documents paraissent tombés dans un profond oubli et il ne semble pas qu'ils aient jamais été pris comme modèles et comme guides, soit dans les travaux de pure science, soit dans les recherches pratiques des experts légistes ; nulle part du moins, nous n'avons vu invoquer l'autorité de leurs constatations et déductions.

C'est une raison de plus pour en rappeler le texte, en faisant appel au jugement de tous les hommes d'étude sur leur valeur probante.

On sait que cette valeur a dès lors été vainement contestée par trois hommes considérables qui n'ont pas craint d'affirmer le caractère imaginaire du crime imputé à l'accusé. Telles avaient été les conclusions de la contre-expertise confiée à M. Bouis, membre de l'Académie de Médecine et professeur de toxicologie à l'Ecole supérieure de pharmacie, conclusions énergiquement soutenues au cours des débats oraux par le Dr Gallard, médecin des Hôpitaux et expert près les tribunaux, et par le Dr Cornil, agrégé à la Faculté de médecine, médecin des Hôpitaux, qui firent la critique du tra-

vail des experts en s'attaquant, le premier, surtout à la symptomatologie, et le second, aux lacunes de l'autopsie.

Tous cependant avaient été d'accord pour confirmer la réponse faite par les experts à l'une des questions posées par le magistrat instructeur. Tous affirmaient qu'il n'existe pas habituellement d'arsenic dans le corps humain et que si l'analyse en fait découvrir ce ne peut être qu'à la suite de l'introduction accidentelle ou criminelle d'une substance arsenicale en dose plus ou moins forte.

Trouvant l'arsenic en dose non toxique, ils soutenaient que l'absorption avait dû être accidentelle et ils indiquaient même comme cause probable, la présence d'une quantité considérable d'arsenic employé comme mordant dans la teinture des rideaux de la chambre (1). *A quoi les experts répon-*

(1) La révélation d'une quantite considérable d'arsenic avait été obtenue, sans dosage, par l'expert commis M. L'Hôte. A l'audience le Dr Gallard a donné le chiffre de 1 gr. 08 par mètre superficiel, d'après une analyse faite à sa demande par M. Lefort, de l'Académie de Médecine.

daient que l'analyse de deux grammes de poussières de la chambre ayant donné un résultat négatif, il était certain qu'aucune particule chargée du toxique n'avait pu se détacher de l'étoffe ni par conséquent pénétrer dans l'organisme par la voie respiratoire.

L'argument devait sembler péremptoire (1) *et, de même que l'énergique négation de l'arsenic normal, il a pu et dû exercer une influence décisive sur le Jury.*

Pourrait-il se produire encore après les travaux de Gosio sur la formation de vapeurs arsenicales par le contact de moisissures, d'humidité avec des composés arsenicaux?

Peu importe dès lors que ceux-ci ne se désagrègent pas en poussières plus ou moins ténues.

Ce n'est pas par l'absorption de particules solides, c'est par l'aspiration d'une atmosphère mélangée de gaz arsenicaux que se peut faire la pénétration.

---

(1) On verra cependant que M. le Professeur Béhal en conteste aujourd'hui encore la valeur scientifique.

On ne peut reprocher aux savants de 1878 *leur ignorance à ce sujet, mais les connaissances acquises depuis lors ont complètement déplacé la question.*

En fait, si l'on songe que ces rideaux fermaient une alcôve où dormaient deux personnes, au fond d'une pièce de rez-de-chaussée dans laquelle le soleil pénétrait peu et l'air moins encore (1), *on reconnaîtra combien est plausible et difficilement contestable l'hypothèse d'un dégagement de gaz, qui sans atteindre les limites de la toxicité, suffit à expliquer la présence de traces appréciables d'arsenic dans le corps des habitants.*

Aussi peut-on lire dans le compte-rendu des séances du Conseil d'Hygiène publique du département de la Seine, un rapport adopté à la séance du 25 *octobre* 1901, *dans lequel M. Armand Gautier, tout en ne considérant pas comme réellement nuisibles des papiers renfermant pour l'ensemble d'une chambre trente neuf milligrammes d'ar-*

(1) La chambre était éclairée par un vitrage fixe et aérée seulement par un vasistas à la partie supérieure qu'obstruait pendant la nuit la devanture en fer...

senic, demande cependant qu'ils soient l'objet d'une sérieuse surveillance : « Quoique les dangers auxquels ils exposent soient presque problématiques, ou du moins extrêmement minimes, dit-il en concluant, il n'y a pas lieu de tolérer l'emploi des papiers arsénicaux qui, toutes les circonstances aidant, pourraient provoquer des accidents ou simplement entretenir des inquiétudes qui ne sont pas sans quelque raison d'être ».

On voit quelle dose infime suffit à justifier un soupçon sinon de danger, du moins d'inconvénient.

Comment douter que les quantités infiniment supérieures contenues dans les rideaux de Mme Danval n'aient pu constituer une source de production d'hydrure arsenical, source que lors du procès l'état de la science ne permettait pas de discerner?

Venons maintenant à cette question de l'inexistence de l'arsenic normal sur laquelle tout le monde s'était trouvé d'accord en 1878, d'abord dans les travaux écrits, où experts et contre-expert font la même réponse formelle à la question du juge d'instruction, puis au cours des dépositions, où MM. Cornil et Gallard n'ont pas été moins absolus que leurs confrères dans leurs dénégations.

Il ne doit pas y avoir normalement d'arsenic dans le corps humain et pourtant il y en a dans les organes de Mme Danval.

Telle est la proposition en quelque sorte fondamentale que le Jury a entendu répéter avec une égale conviction par les témoins de la défense comme par ceux de l'accusation.

Aujourd'hui, tout au contraire, il entendrait dire par les savants les plus autorisés : « Il y a constamment de l'arsenic dans le corps humain ». Ce n'est plus dès lors, et l'impression peut être bien différente, qu'une question de plus ou de moins.

Ce renversement d'une doctrine tenue depuis longtemps pour incontestable, cette renaissance d'une opinion condamnée et abandonnée de tous, n'est qu'une conséquence des extraordinaires progrès réalisés dans la méthode d'analyse de l'arsenic : l'aspect de l'appareil de Marsh s'est à peine modifié et pourtant cet appareil qu'Ogier estime dès sa naissance « trop sensible peut-être (1) *» pour les recherches toxicologiques, en est venu à déceler au lieu d'un cinquantième de milligramme, limite de sa sensibilité première, au lieu d'un demi-centième où M. A. Gautier l'avait amené dès avant* 1877, *des quantités infiniment moindres, jusqu'au demi-millième de milligramme, depuis les derniers perfectionnements dûs à M. Gabriel Bertrand.*

Une pareille sensibilité a amené une véritable révolution dans l'état des connaissances.

En 1900, *M. Armand Gautier faisait part à l'Académie des Sciences de la présence constante de l'arsenic dans certaines parties de l'organisme animal et bientôt il subissait la contradiction de savants étrangers qui, suivant une méthode moins sensible sans doute, aboutissaient à un résultat négatif. Ils attribuaient le succès de ses expériences à des circonstances particulières, spéciale-*

---

(1) OGIER *Traité de chimie toxicologique*, Paris 1899, p. 13.

ment à la nature des terrains sur lesquels avaient vécu ses sujets.

Les nouvelles recherches de M. Gabriel Bertrand démontrèrent la présence de l'arsenic dans tous les animaux depuis l'éponge jusqu'aux espèces les plus élevées sur l'échelle des êtres. Les sujets avaient été choisis de manière à éliminer toute cause d'erreur et de contamination possible soit par la nature des terrains, soit par l'influence de la civilisation (1).

En même temps, M. Bertrand éliminait par l'emploi, pour la carbonisation des matières, de la bombe calorimétrique de Berthelot (2), *une autre cause d'erreur dont il démontrait l'existence et la périlleuse in-*

---

(1) La rigueur du choix indispensable pour la démonstration de la vérité a fait porter l'expérience sur des sujets ne contenant que le minimum possible d'arsenic. Elle indique en même temps qu'une contamination notamment par les fumées industrielles répandues dans l'atmosphère des grandes villes n'est pas invraisemblable. N'en peut-on pas dire autant du séjour permanent dans une pharmacie?

(2) *Bulletin de la Société chimique de Paris*, 1903, p. 921.

fluence sur les travaux antérieurs : l'impureté des réactifs jusque là considérés comme exempts d'arsenic et employés sans méfiance aucune pour la réduction des matières organiques (1).

C'est ainsi spécialement que la distillation qui semblait purifier absolument l'acide nitrique, le laisse chargé d'une teneur en arsenic égale au trois-millionnième de son poids, et qu'il suffit donc de trois cents centimètres cubes pour ajouter à l'arsenic contenu dans les matières traitées, un dixième de milligramme, c'est-à-dire une quantité bien plus que suffisante pour se révéler dans l'appareil de Marsh. Il faut même supposer des pertes de substance considérables pour s'expliquer que jamais recherche ait pu donner un résultat négatif (2).

---

(1) *Annales de Physique et de Chimie*, **1903, p. 242.**

(2) Ces pertes avaient lieu, non seulement au cours du traitement chimique, mais encore dans l'appareil de Marsh lui-même, tel qu'on l'employait autrefois, avant ses derniers perfectionnements. C'est principalement en supprimant les pertes que M. G. Bertrand a pu amener la méthode de Marsh au degré de sensibilité que nous avons indiqué.

Au contraire les résultats positifs ont toujours pu être gravement faussés par la présence de l'arsenic introduit au cours des manipulations et si, dans l'affaire Danval, un grave désaccord s'est produit entre M. Bouis et les autres experts, non sur la présence mais sur le dosage de l'arsenic, cela tient sans doute à ce que le premier, analysant des organes isolés, opérait sur des faibles poids et n'employait que des quantités proportionnelles de réactif, tandis que les autres avaient opéré sur un amalgame de viscères excédant un demi-kilog, qui n'avait pu être réduit que par des doses fort massives d'acide nitrique.

En résumé, on se trouve en présence d'un progrès scientifique qui met en lumière deux faits absolument ignorés du Jury, comme ils l'étaient des hommes les plus compétents : l'impureté des réactifs employés, la présence constante de l'arsenic dans l'organisme animal. Il ne suffit même pas de dire que ces faits étaient ignorés ; les savants se croyaient sur cette matière en possession d'une vérité certaine et toutes leurs affirmations se trouvent n'être que contre-vérités.

La base de l'accusation est ainsi gravement ébranlée : la révélation de ces faits inconnus rend légalement possible une révision qui impose à la justice le devoir de se prononcer à nouveau sur la culpabilité du condamné de 1878 et pour ce faire, d'examiner une à une la valeur des charges relevées contre lui.

Celles qu'elle trouvera dans la partie médicale de l'expertise, ne lui paraîtront sans doute rien moins que décisives. De ce côté aussi d'ailleurs, la science a marché : la terrible intoxication accidentelle d'Hyères, les empoisonnements criminels du Havre et de Saint-Denis ont apporté au dossier, de l'arsenic, sur tant de points encore incomplet, une importante contribution de faits et d'observations qui ne paraissent guère confirmer les conclusions du travail de 1878.

Les critiques dirigées par le Dr Cornil contre l'autopsie ne paraissent-elles pas plus fortes que jamais, quand elles visent, soit l'oubli du pancréas dont le rôle capital dans l'économie, insuffisamment étudié et mal connu encore en 1878, *a été depuis lors mis en lumière par de nombreuses et parfois célèbres observations, soit la sommaire mention relative aux reins, déclarés sains en* apparence, *alors que cet organe, éliminateur par excellence des toxiques qui ne le traversent pas en général sans y laisser quelques traces de leur passage, devient, au contraire, par son mauvais fonctionnement, l'agent d'auto-intoxications mortelles ?*

Le plus grave de ces reproches était relatif au foie, dont la stéatose n'avait pas été constatée. Déjà, M. Bouis avait, dans son travail, signalé l'absence de ce symptôme, on peut dire immanquable, de l'intoxication arsenicale, qu'elle soit aiguë ou chronique.

Les experts avaient répondu, de façon un peu hautaine, à ce savant que tout médecin savait que la recherche de la stéatose ne pouvait se faire que dans les quarante-huit heures de la mort et qu'elle était donc impossible après quatorze jours, en dépit de la remarquable conservation des viscères de la cavité thoracique, sur laquelle ils avaient tout d'abord insisté.

La réponse peut sembler péremptoire. Pourtant les experts ne s'en étaient pas contentés et ils avaient ajouté cette raison, bien caractéristique de leur singulier état d'âme, que, constatée après une longue maladie, la stéatose aurait pu être attribuée à d'autres causes que l'intoxication et que la charge qui en serait résultée pouvant être contestée et par conséquent n'étant pas décisive, il leur avait paru inutile de s'en occuper. Ainsi, se considérant comme de simples auxiliaires de l'accusation, ils recherchaient des charges et négligeaient un symptôme dont l'existence leur paraissait n'être pas absolument probante dans le sens de l'accusation, mais dont l'inexistence reconnue aurait été démonstrative de l'innocence. Ils n'ont pas compris qu'en faisant appel à leurs lumières, le juge leur demandait d'éclairer sa conscience ; ils se sont cru seulement chargés de lui fournir des armes !

Bien qu'ils eussent affirmé qu'aucun méde-

cin ne leur demanderait compte d'un silence trop bien justifié suivant eux par le délai écoulé entre la mort et les opérations d'autopsie, le Dr Cornil affirma énergiquement à l'audience que la recherche de la stéatose était encore possible.

Entre l'expert présenté au Jury comme une sorte de détenteur infaillible de la vérité, et le témoin à décharge toujours suspect de complaisance, la partie n'est pas égale. Ajoutons que le Professeur Gubler, sans oser les attaquer de front, déclara trop absolues et noya dans les réserves et les exceptions les conclusions de «son jeune ami» et que le Ministère public pour se dispenser d'y répondre, dénonça comme un jaloux désireux de scandale, un homme dont les travaux s'étaient toujours poursuivis loin du bruit et de la réclame, dans le recueillement du laboratoire.

Qui avait raison des experts ou de leur contradicteur ? Le jury qui n'a pas compris sans doute de quelle importance capitale était cette question de l'existence ou de la non existence de la stéatose, a suivi la foi des premiers, comme l'y conviaient les organes de la justice.

Le ferait-il encore et ceux-ci oseraient-ils renouveler leur affirmation, après que l'autopsie des victimes de l'empoisonnement du Havre, faite quatorze et trente-deux mois après leur inhumation, a permis aux professeurs Brouardel et Pouchet de constater l'état graisseux du foie ? (1)

Si donc le foie avait été stéatosé, on l'aurait vu et si l'on n'a rien remarqué, c'est qu'il ne l'était pas. L'attention des experts ne s'est pas portée sur cet organe parce qu'il n'offrait rien d'anormal, et qu'emportés à la recherche d'un crime, il n'ont pas songé à la contradiction qu'opposait à leur conviction cette absence de lésion. Pris en défaut, ils se sont défendus par une mauvaise raison qui a égaré le jury.

Aujourd'hui on est en face, non plus comme en 1878 *de deux affirmations contra-*

---

(1) Relation médico légale de l'affaire Pastré-Beaussier par G. Brouardel et G. Pouchet, Paris 1889 (Extrait des *annales d'hygiène et de médecine légale*), p. 27 et 33.

dictoires entre lesquelles le choix s'exerce sans qu'il soit possible de discerner la vérité, mais d'une constatation précise et positive ; la stéatose a été reconnue après quatorze et trente-deux mois ; elle est a fortiori reconnaissable après quatorze jours.

S'ils ont omis la recherche d'un symptôme si caractéristique, s'ils n'ont constaté aucune modification anatomique dans les cellules des organes, et si même ils ont déclaré expressément n'avoir trouvé aucune trace de congestion comme il s'en rencontre d'ordinaire après le passage du toxique dans les organes (1) *les experts ont cru cependant trouver, dans les signes observés chez la malade, de frappantes analogies avec les « accidents « observés dans les cas d'empoisonnement « par doses répétées de préparations arseni- « cales ».*

Ces analogies, ils les tirent, d'après les conclusions de leur rapport du 9 novembre, de l'intermittence des vomissements et diarrhées,

---

(1) G. Brouardel. *Etude sur l'arsenicisme* p. 21 et s. 106 et s.

du dépérissement, des sueurs nocturnes, du collapsus et de la mort survenant brusquement.

Au cours de ce rapport, ils décrivent la maladie, d'après les dépositions des médecins traitants, surtout du Dr Renault, et ils en font la chronologie d'une façon un peu confuse qui semble indiquer qu'ils n'ont pas lu très attentivement les documents qu'ils analysaient : « Mme Danval, disent-ils, s'était retirée chez ses parents, le docteur la visita du 20 septembre au 7 octobre 1876 pendant ce temps-là on n'a constaté que des accidents d'anémie et elle n'a pas eu de vomissements ».

Comment interprêter ce passage autrement que par un séjour de 17 jours au moins, en le limitant entre la première et la dernière visite du médecin ?

Pendant ce demi-mois passé loin du poison, les accidents caractéristiques cessent et ne se reproduisent pas. Mme Danval n'est donc malade que quand son mari est là pour lui administrer des doses répétées de toxique.

Or, il est bien vrai que les experts ont pu lire dans une déposition du Dr Renault en date du 18 octobre, que Mme Danval s'étant retirée chez ses parents pendant une dizaine de jours, il l'a visitée sept fois entre le 20 septembre et le 7 octobre et que durant ce temps elle n'a pas eu de vomissements.

Mais n'ont-ils pas lu, ou ont-ils sciemment omis, parce qu'elle ruinait un argument à charge, la déposition du 20 novembre où le juge d'instruction fait observer au témoin que la durée du séjour de Mme Danval dans sa famille a été moins longue que la période indiquée, et où M. Renault reconnaît l'incertitude de ses souvenirs, ayant pu compter comme faites chez M. Jarry, des visites faites pour son compte chez M. Danval.

En fait l'absence avait été de trois jours seulement et si, par conséquent, pendant les 17 jours qu'elle a été visitée, Mme Danval ne vomissait pas, ce n'est pas à la séparation d'avec son mari qu'il faut l'attribuer.

Les intermittences dans les crises de diarrhée et de vomissements ne tenaient pas, on l'a vu, à des absences de Mme Danval.

Elles ont inspiré aux experts la supposition d'une série d'empoisonnements subaigus, se succédant à intervalles irréguliers, trop faibles pour occasionner la mort, mais détruisant progressivement l'organisme. Cette hypothèse nous paraît aboutir à une singulière contradiction : « ce qui est caractéristique, disent les experts, c'est l'altération profonde de tout l'organisme » et cependant ils ne signalent aucune lésion ; tous les organes qu'ils n'oublient pas d'examiner, ils les déclarent sains, au moins en apparence. En quoi consiste donc cette altération profonde que d'autres savants ont indiquée eux aussi comme cause de l'issue fatale ? « C'est dans les désordres organiques occasionnés par le processus pathologique (Brouardel. Les empoisonnements p. 157) », « dans les modifications anatomiques survenues dans les cellules hépatiques, rénales et dans les fibres musculaires (Brouardel et Pouchet Affre Pastré-Beaussier, p. 83). »

Il y a mieux. Pour expliquer le peu d'importance de la dose retrouvée, ils soutiennent la théorie d'une élimination très rapide, ne laissant au bout de douze ou quinze jours que des traces infinitésimales.

La durée réelle d'élimination parait aujourd'hui encore assez incertaine, mais les travaux récents nous semblent d'accord pour admettre qu'elle est généralement beaucoup plus longue que ne l'affirmaient les experts. MM. Brouardel et Pouchet ont rappelé dans leur rapport sur les empoisonnements du Hâvre, l'observation citée par M. Bouis, d'arsenic retrouvé dans les urines plus de quarante jours après l'absorption et ces savants estiment que ce phénomène doit être la règle bien plutôt que l'exception. (P. Brouardel. Les empoisonnements, p. 106 *G. Brouardel. Etude sur l'arsenicisme, p.* 155).

Mais admettons ce terme de douze ou quinze jours indiqué dans l'expertise ; il n'en reste pas moins que Mme Danval, morte le 9 *septembre dans la matinée, faisait, dans la journée du* 2, *une partie de campagne aux environs de Paris, et que le soir elle revenait à pied de la gare de Vincennes à la rue de Maubeuge. Elle n'était donc pas à ce moment sous le coup d'un récent empoisonnement, et si vraiment elle a absorbé une dose mortelle d'arsenic, ce ne peut être que depuis lors. Les dépositions de Mme Jarry permettent de préciser davantage. Sa fille lui a dit n'avoir dû s'aliter que dans la matinée du jeudi, après avoir ouvert la pharmacie. C'est ce matin-là par conséquent que le crime aurait été commis, et la crise mortelle aurait duré exactement trois jours. C'est au bout de ce court délai que l'élimination aurait été assez complète pour ne laisser que des traces appréciables, quelques milligrammes, ont dit après coup les experts qui devaient voir les choses en gros.*

Est-il possible qu'une dose de quinze ou vingt centigrammes dont une partie sans doute aurait été expulsée avec les vomissements, mais dont il serait nécessairement resté une masse suffisante pour produire des effets mortels, est-il possible, nous le demandons, qu'une semblable dose ait pu disparaître aussi complètement dans un si court délai ?

Les symptômes de dépérissement avec sueurs nocturnes se rencontrent sans doute dans les empoisonnements à marche lente, mais sont-ils caractéristiques de ces affections, peuvent-ils à eux seuls justifier l'hypothèse d'une intoxication ? Ne sont-ils pas au contraire la suite nécessaire de tout état d'anémie ? Le collapsus, la mort brusque sont-ils plus probants ? L'énumération contenue dans les conclusions du rapport ne présente, comme le soutenait M. Bouis, que des symptômes d'une parfaite banalité et dont on peut dire tout au plus qu'ils ne sont pas en contradiction avec l'action de l'arsenic, mais qui n'apportent aucune preuve positive à l'appui de l'hypothèse.

Au cours de leur travail cependant, les experts signalent à deux reprises un symptôme plus caractéristique, qu'ils ont recueilli dans une déposition de Mme Jarry. Sa fille lui aurait dit plus ou moins textuellement la veille de sa mort qu'il lui semblait avoir une jambe paralysée ; ils y reviennent dans leur réplique au rapport de M. Bouis, si bien que le juge d'instruction relève ce symptôme en l'aggravant dans les questions qu'il pose au professeur Gubler assisté de ces mêmes experts.

La paralysie arsenicale est un des phénomènes dont l'observation a le plus profité des sinistres évènements d'Hyères, du Hâvre et de Saint-Denis, et résumant les nombreux travaux auxquels elle a donné lieu, le Dr Georges Brouardel a posé en ces termes « les deux grandes lois » de son développement :

« 1° *Elle atteint d'abord les extrémités,*
« *c'est là un fait presque constant ; aux*
« *membres inférieurs, la paralysie débute*
« *par les orteils, aux membres supérieurs*
« *par les doigts.*

« 2° *Elle est symétrique* ».

La prétendue paralysie de Mme Danval n'était pas symétrique puisqu'elle n'attaquait qu'une jambe. Elle n'a pas été progressive, puisque c'est toute la jambe qu'à un moment (soit refroidissement soit engourdissement), la malade dit ne plus sentir, sans avoir jusque là signalé rien de tel, ni au Dr Renault, ni au Dr Colvis, qui la visitèrent l'un la veille et l'autre le jour même..

Il est vrai que la science médicale a enregistré d'après l'auteur précité, deux cas de paralysie subite, observés l'un par Hanemann, l'autre sur une des victimes de l'affaire du Hâvre. Mais pour ce dernier malade tombé brusquement dans la rue, le phénomène avait été précédé par une période de douleurs et de troubles dans la marche. Il n'y a donc pas d'analogie entre ce cas exceptionnel et le symptôme mal observé dont les experts ont cru pouvoir faire état.

On pensera sans doute que M. le Dr G. Brouardel a été bien inspiré en n'ajoutant pas le nom de Mme Danval aux deux seuls exemples de paralysie subite recueillis jusque là. Il n'a fait d'ailleurs qu'imiter l'attitude des hommes de science qui paraissent s'être rigoureusement interdit tout emprunt aux travaux des experts de 1878 et dont beaucoup ont gardé tant de doutes motivés sur la réalité du crime dont Danval a porté la peine pendant vingt-cinq ans, dont il porte aujourd'hui encore la flétrissure légale.

L'heure de la révision est venue ; la parole est à la science, à la science non prévenue et désintéressée. Elle fera en toute impartialité l'œuvre à laquelle la convie la justice et, en même temps que la lumière sur cette douloureuse affaire, elle apportera assurément une importante contribution à la solution de tant de problèmes encore mal connus de la chimie et de la toxicologie.

VINGT-HUIT ANS APRÈS

J'eus la chance de pouvoir emporter et conserver près de moi, pendant les vingt-cinq mortelles années que dura mon calvaire, les Rapports et Mémoires médico-légaux qui font suite.

Ils ont soutenu en mon cœur cet espoir qui n'abandonne jamais l'innocent.

Ils furent souvent ma justification auprès des âmes d'élite que je rencontrai et entretinrent mon pressentiment d'une réhabilitation certaine, dût-elle ne venir qu'après ma mort et être enfin l'héritage auquel ont droit mes enfants.

Je dus de posséder ces mémoires à un piège que me tendit mon juge d'instruction.

Ma demande d'une contre-expertise ne lui souriait pas plus qu'aux experts ; leurs rapports lui paraissaient peu persuasifs et il crut qu'en m'en donnant connaissance, je renoncerais facilement à celle-là.

De fait, un coupable se serait accommodé de telles conclusions et aurait craint de les voir aggraver par les commentaires plus autorisés d'un professeur de toxicologie.

De telles réflexions ne me vinrent même pas à l'idée et, comme je devais rendre ces rapports le lendemain, je les copiai durant la nuit. Ils purent donc être lithographiés et j'eus ainsi un exemplaire de chacun d'eux.

M. Bouis fut autorisé à venir à Mazas, le directeur de cette prison l'introduisit près de moi et je priai ce dernier de rester en tiers dans notre entretien.

Je demandai à M. Bouis, trois choses :

1° de refaire les analyses en opérant sur chaque organe séparément, contrairement aux experts qui avaient agi sur le mélange des organes.

2° de doser le corps qu'il pourrait retrouver.

3° enfin, d'opérer gratuitement pour éviter toute allusion malveillante.

Je ne crus pas devoir lui cacher que j'étais innocent, mais je le priai de n'en tenir aucun compte.

Ces nouvelles analyses devaient renseigner la Justice et, en m'expliquant ce qui avait pu se passer, me permettre de me justifier.

Je revis M. Bouis, quelques jours après, aux Arts et Métiers ; on m'y avait amené pour assister à l'ouverture de son mémoire.

Le juge et les experts, déjà réunis dans un petit cabinet, n'attendaient plus que lui quand soudain il entra dans le grand laboratoire où je me promenais.

Myope, il vint à moi me prenant pour le juge d'instruction. Déjà, il déroulait ses papiers, mon impatience était extrême, j'allais donc enfin savoir toute la vérité, mais ma conscience se révolta ; je suis l'accusé, lui dis-je, et si vous avez un secret à garder... je ne saurais abuser d'une telle méprise.

Alors, il se passa en quelques secondes une scène sentimentale que je n'oublierai jamais de ma vie ; ses bons yeux se fixèrent sur moi en un regard d'admiration mêlé de pitié ; il me parut médusé puis, soudain, il me quitta après un salut en prononçant ces mots : « Toujours le même homme », le juge d'instruction accourait inquiet de l'autre bout de la pièce et lui, allait le tranquilliser. Que de fois le souvenir du bon regard de M. Bouis me consola de l'injustice des autres.

Je restai longtemps seul, le mémoire de M. Bouis n'avait pas plu aux experts, et, comme on ne voulut pas m'en donner connaissance, le juge revint et me dit : Je viens vous affirmer que le rapport de M. Bouis est conforme à celui des autres experts, il est donc inutile de vous en donner connaissance, vous allez vous retirer.

— C'est impossible, repris-je, et puisque l'erreur se continue je vous demande et au besoin j'exige une seconde exhumation.

— Ce sera un scandale, fit-il.

— Il retombera sur vous, qui l'aurez voulu,

repris-je, mais, s'il eut dit le mot de profanation, j'aurais cédé.

De nouvelles analyses eurent lieu, elles furent négatives et détruisirent les probabilités entrevues par les experts ; ils analysèrent en vain les déjections, salissant le drap mortuaire, dont ils regrettaient d'avoir oublié l'expertise.

Les pauvres mémoires dont je viens de parler me furent souvent discutés par l'intolérance des règlements qui n'avaient pas statué sur la conduite à tenir au sujet d'un tel fait sans précédent.

Aurait-on jamais pu s'imaginer originalité pareille, un condamné conservant l'arme dont on l'avait frappé arme qui ne pouvait désormais se retourner que contre lui ? C'est pourtant cette dernière considération toute de couleur locale qui m'en fit attribuer la possession.

Possession qui faillit bien des fois devenir éphémère ; le jour que je fis partie du détachement qui devait m'immobiliser à Bourail, ils tombèrent à la mer au moment où nous nous apprêtions à débarquer du chaland qui était venu nous prendre à bord. Ils étaient soigneusement enveloppés dans mon petit sac d'effets, je me précipitai derrière lui, tout habillé, oubliant que les parages étaient infestés de requins et fus assez heureux pour l'étaler bientôt aux rayons du soleil calédonien.

Ce sont ces mêmes rapports que, dans son voyage en Nouvelle-Calédonie, Jacques Dhur vit chez moi, à côté des lettres amies, troués, déchiquetés, usés, cassés et qu'il compara à de la charpie avec quoi on panse les plaies.

C'est après leur lecture qu'il entreprit dans le *Journal* la vaillante campagne à laquelle s'associèrent les sommités médicales et scientifiques, puis la *Presse* entière, campagne couronnée de succès.

A tous en général et en particulier à M. Loubet, président de la République française qui usa à mon égard du plus beau de ses principes, celui de pouvoir faire grâce « même à la victime »... Aux sociétes pharmaceutiques, médicales, scientifiques, ouvrières; à la Ligue des Droits de l'Homme et du Citoyen, âmes confrères qui, aussi, non seulement me prodiguèrent leur appui moral mais matériel, à tous ceux enfin qui de près ou de loin s'intéressèrent à ma juste cause, j'adresse la chaleureuse et sincère reconnaissance dont mon cœur déborde.

Je croyais ces pauvres papiers uniques au monde. Quel autre que moi aurait songé à en conserver trace ? Je me trompais, j'en ai trouvé le texte et la critique dans le *Journal des Connaissances Médicales*, où j'emprunte les intéressants passages que je mets sous les yeux du lecteur.

On sait qu'aussitôt après ma condamnation, j'ai pardonné au Jury comme on pardonne à l'instrument inconscient ; que n'ai-je pu pardonner à d'autres dans les mêmes conditions !

Article de M. le Dr Galippe

Accusation d'empoisonnement par un composé arsenical (1).

Dans toute question touchant à la toxicologie, il y a généralement deux ordres d'idées en présence : une phase judiciaire et une phase scientifique.

Nous n'avons pas à nous occuper de la première, mais la question scientifique soulevée par les débats nous appartient tout entière.

Nous entendons ne nous laisser contester par personne le droit de l'examiner sous toutes ses faces et comme il nous plaira.

Il s'agit de l'affaire Danval et du problème de toxicologie qu'elle soulève.

Résulte-t-il des documents des experts de l'accusation qu'il y a empoisonnement ?

Telle est la question scientifique que nous nous proposons d'examiner.

S'il est un principe sur lequel tous les toxicologistes vraiment dignes de ce nom s'entendent, c'est que, pour établir d'une façon indiscutable

(1) Extrait du *Journal des Connaissances Médicales*, 48e année 1878, p. 146.

l'existence d'un empoisonnement, il faut trois ordres de preuves :

1e Il faut que les symptômes propres à l'action physiologique du toxique soient observés, sinon par des hommes de l'art, ce qui est indispensable pour certains d'entre eux, tout au moins par des personnes intelligentes et désintéressées. En effet, il est incontestable que s'il s'agit de constater une paralysie partielle ou de la contracture passagère, il sera tout à fait insuffisant de s'en remettre à l'appréciation d'un malade qui peut très mal caractériser ses sensations ou au *diagnostic d'une femme* quelconque ou d'un assistant totalement étranger aux choses de la médecine.

En ne suivant pas ces règles, on s'expose, ainsi que cela a été vu récemment, à considérer comme démontrées des assertions très contestables.

2e Il faut que le toxique ait été retrouvé dans les organes en quantité suffisante pour qu'elle puisse expliquer à elle seule la cessation du fonctionnement des organes. Il y a quelques années, pour un peu de zinc que l'on aurait trouvé dans un cadavre, on aurait conclu à l'empoisonnement, et si, au lieu de zinc on trouvait du cuivre, alors le doute ne pouvait plus exister et la certitude, *cette certitude absolue*, privilège exclusif des médecins légistes, paraissait éclater à tous les yeux. Mais, depuis, on a montré qu'il y avait toujours du cuivre et du zinc dans l'économie et que la présence de ces deux métaux, même en quantité notable, ne signifiait pas du tout intoxication.

Tant pis pour ceux qui ont été condamnés avant la constatation de ces faits !...

Quand on réfléchit qu'il suffit de se trouver en contact avec des poussières ou avec des vapeurs métalliques, pour en fixer une certaine quantité dans l'économie, on a le droit et le devoir d'être circonspect.

L'histoire de ces dernières années, nous a montré que c'est une qualité bien parcimonieusement mesurée aux médecins légistes que la circonspection !

3e Il faut que les lésions produites soit par l'action locale du toxique, soit par le fait de son passage ou de son accumulation dans l'économie aient été constatées par des hommes non seulement compétents, mais encore sachant mettre au service de leurs investigations les puissants moyens d'analyse que donne la science moderne, et, pour n'en citer qu'un : le microscope.

Nous savons qu'il n'y a pas bien longtemps encore que les spermatozoïdes et les globules du sang étaient considérés comme de simples illusions d'optique et il semble que certains médecins légistes professent encore aujourd'hui pour le microscope la défiance illégitime qu'il inspirait jadis à Magendie et à de Blainville.

Il ne faut donc pas se contenter d'un examen

superficiel, il faut pénétrer dans l'intimité des tissus. Aucun organe ne doit échapper à l'œil de l'expert, et ceci n'est pas une vaine recommandation, car on a vu, hélas !... des experts comprendre si mal l'étendue de leur responsabilité *qu'ils oubliaient de regarder certains organes*, ce qui, nous devons le dire, du reste, ne les empêchait nullement de conclure.

Telles sont les trois conditions nécessaires pour établir d'une façon scientifique, et se rapprochant autant que possible de cette certitude relative dans laquelle l'homme qui doit emprunter les éléments de son jugement à des sources plus ou moins positives, sait demeurer lorsqu'il a conscience de l'imperfection de nos connaissances, — *la certitude absolue !* Qu'on nous la montre en médecine ? Pour notre part, nous professons une grande défiance pour les hommes qui procèdent par des affirmations, surtout quand ces affirmations ne sont point corroborées par des faits, par des preuves palpables. Rappelons ici l'opinion du grand Claude Bernard, dont la modestie, dont la sagesse n'avaient d'égale que la haute science : « Le doute est l'oreiller du savant ».

Cet homme a travaillé jusqu'à la dernière heure, et, bien que nous ne voulions pas lui faire l'injure de le comparer à ceux qui affirment toujours parce que leur bagage scientifique est léger, nous pouvons dire qu'il se gardait bien de procéder par affirmation, il avait contrôlé trop de faits scientifiques pour ne pas savoir à quoi s'en tenir sur les théories toutes faites, théories qui, dans la pensée de leurs auteurs, constituaient la plus haute expression de la science.

C'est en suivant ces desiderata que nous allons examiner les pièces du problème scientifique qui s'impose à notre examen.

Si nous n'avons pas la prétention de la résoudre dans toutes les parties, nous espérons au moins démontrer quelle méthode il fallait suivre pour assurer une démonstration qui n'a pas été faite et qui ne pouvait pas l'être.

Nous ne mettrons pas de passion dans le débat, car nous savons que si la justice n'est souvent qu'une question de sentiment, la toxicologie relève de plus haut, puisqu'elle a pour guide la raison et pour mobile la vérité.

RAPPORT D'AUTOPSIE
du cadavre de la dame Danval

Nous, soussignés, — Georges Bergeron et Emile Delens, Docteurs en Médecine, agrégés à la Faculté de Paris, — en vertu d'une ordonnance de M. Guillot, Juge d'instruction, serment préalablement prêté, avons procédé aujourd'hui, 22 septembre 1877, à l'examen du cadavre de la dame Danval, née Jarry, âgée de 21 ans, décédée le 9 septembre, rue de Maubeuge, n° 12, et inhumée au cimetière Montmartre.

Le corps a été transporté à la Morgue où nous avons pratiqué l'autopsie. Il présente des signes de putréfaction avancée aux membres, au cou et à la face ; — Dans tous ces points, il y a une infiltration gazeuse des tissus, qui augmente le volume des parties ; la face, en particulier, est bouffie, méconnaissable. Les téguments sont d'une couleur vert foncé ou brunâtre, et l'épiderme soulevé par une sérosité roussâtre se détache par larges plaques en beaucoup d'endroits, notamment au cuir chevelu où la moindre traction l'enlève avec les cheveux qui y adhèrent.

Nous remarquons que la putréfaction est nulle, ou beaucoup moins avancée au tronc qu'aux membres et à la tête. Les téguments de la poitrine, ceux des seins, qui sont peu développés, ainsi que ceux de la paroi de l'abdomen, ne présentent pas d'infiltration gazeuse et ont conservé leur coloration naturelle. La teinte verdâtre ne se montre, au tronc, que sur les parties latérales et postérieures, et au niveau de la partie la plus inférieure de la paroi abdominale, ainsi qu'au voisinage des organes génitaux où elle est très prononcée.

Il n'y a non plus, aucune trace de météorisme. La cavité abdominale n'est distendue par aucun gaz, contrairement à ce qui a lieu d'ordinaire, sur les cadavres en voie de putréfaction, celle-ci débutant habituellement par la paroi abdominale.

Nous procédons à l'ouverture de la cavité crânienne dont les parois osseuses sont intactes. La dure-mère se présente avec une coloration gris-bleuâtre uniforme, sans trace de congestion et sans altération d'aucune sorte sur sa surface externe. Mais dès qu'elle est incisée, la masse ramollie et diffluente de la substance cérébrale s'échappe sous forme d'une bouillie grisâtre, résultat de la putréfaction. Il nous est impossible de reconnaître aucune partie distincte du cerveau et des méninges. Tout ce que nous pouvons constater, c'est que la surface interne de la dure-mère est partout normale, particulièrement dans les points qui répondent à la base du crâne, et que les os, dans cette dernière région, sont exempts de toute altération. Nulle part, il n'y a d'apparence de granulations tuberculeuses.

Nous ouvrons ensuite la poitrine : les deux poumons, en partie revenus sur eux-mêmes, sont de coloration grisâtre enavant ; à peine présentent-ils une légère teinte violacée en arrière. Ils adhèrent par quelque tractus fibreux anciens aux parois de la poitrine. Il est néanmoins facile de les enlever sans produire aucune déchirure de leur parenchyme. Examinés avec soin, ils ne nous offrent, aux sommets, ni en aucun point de leur masse, aucune induration tuberculeuse. — Partout nous constatons, à la coupe, l'intégrité du tissu pulmonaire.

Nous cherchons, sans en trouver trace, s'il existe des ganglions hypertrophiés ou tuberculeux, au niveau de la bifurcation des bronches.

Le cœur est flasque, complètement vide. Ses cavités ne renferment ni caillots, ni sang fluide. Les valvules des orifices du cœur sont exemptes d'altération.

En dernier lieu, nous avons ouvert la cavité abdominale et nous constatons l'état de conservation remarquable des viscères de cette cavité. Ils ne présentent pas de trace de putréfaction, mais une décoloration générale, et une sécheresse assez marquée ; la teinte de toutes les parties contenues dans la cavité péritonéale est rosée et jaunâtre. Il n'y a nulle trace de congestion ni d'inflammation. Le péritoine offre partout une surface lisse sans aucune granulation miliaire.

Les ances intestinales sont affaissées, revenues sur elles-mêmes ; leurs parois sont très minces.

L'estomac n'a qu'une capacité médiocre. Dans l'épaisseur de ses tuniques, il y a un certain nombre de bulles gazeuses assez volumineuses. Sa cavité ne renferme aucun liquide ; nous y trouvons seulement une masse arrondie, du volume d'un petit pois, grisâtre, ayant l'aspect d'une pilule demi-écrasée et que nous mettons de côté pour l'examiner.

La muqueuse de l'estomac n'est le siège d'aucune altération bien marquée. Elle est seulement un peu rouge au niveau de la grande courbure, mais elle ne présente ni ulcérations, ni érosions, ni hémorragies.

L'examen de l'intestin grêle nous montre une minceur et une décoloration générale de ses tuniques. Il n'y a nulle part de lésions inflammatoires ; elles font totalement défaut dans les dernières portions de l'intestin grêle, au voisinage du gros intestin, dans les points où siègent habituellement les altérations caractéristiques de la fièvre typhoïde. Les glandes de la muqueuse sont à l'état normal et les ganglions mésentériques ne sont nullement augmentés de volume.

Pour compléter l'examen du tube digestif, dans

toute son étendue, nous examinons la muqueuse des parties supérieures de ce canal.

La langue dont l'extrémité fait saillie entre les arcades dentaires, ne présente pas d'altération ; sa pointe est légèrement brunâtre, mais la muqueuse a, dans tous les autres points, une coloration rosée. Les muqueuses de la face interne des joues et des gencives ont un aspect complètement normal.

La muqueuse de l'œsophage est également saine et de coloration pâle.

Les annexes du tube digestif ne présentent pas, à l'œil nu, d'altérations marquées.

La rate, de volume moyen, n'est pas ramollie.

Les reins sont sains en apparence, mais peu colorés.

Le foie a une couleur grisâtre.

Les organes du petit bassin sont à l'état normal, il y a seulement une très légère congestion du côté des trompes et des ovaires.

L'utérus est à l'état de vacuité.

De l'examen qui précède, nous concluons :

1e La mort de la dame Danval, n'a pas été causée par une fièvre typhoïde ;

2e L'absence complète de tubercules dans les organes de la poitrine et de l'abdomen permet également de rejeter comme cause de la mort la méningite tuberculeuse dont l'état de putréfaction du cerveau nous a empêché de rechercher les lésions ;

3e L'absence de toute autre cause *appréciable* de mort naturelle et l'état remarquable de conservation du tube digestif pouvant faire *supposer* que la mort est due à l'ingestion d'une substance toxique, il y a lieu de procéder à l'analyse chimique des viscères.

Paris, le 22 septembre 1877.

Signé : E. DELENS.
Georges BERGERON.

Critique du rapport d'autopsie
par M. le Dr Galippe (1)

Tel est le document qui est la base de l'accusation et le point de départ de l'expertise qui a été faite. Cette autopsie a-t-elle été conduite avec tous les soins qu'exigeait impérieusement le redoutable ministère des Experts? pourra-t-elle servir à nos petits neveux de modèle de nécropsie judiciaire ; ou leur montrera t-elle seulement comment les experts de 1877 comprenaient l'application de l'anatomie pathologique aux expertises

(1) Extrait du *Journal des Connaissances Médicales*, 48e année, p. 205.

médico-légales ? C'est ce que nous allons examiner.

La critique de ce document a été faite par un homme familiarisé par les études de toute sa vie et par de brillants travaux avec l'anatomie pathologique, et si les experts ont déclaré qu'il n'y avait rien à reprendre à leur autopsie, qu'elle était bien faite, que c'était en un mot un modèle du genre, il faut qu'ils aient eu pour eux-mêmes une indulgence qu'on leur a généralement refusée.

Il arrive parfois que par distraction ou manque d'habileté on laisse échapper une pièce anatomique, mais quand il s'agit d'un cerveau tout entier, on s'explique difficilement que les experts n'aient pas recueilli la bouillie, puisque bouillie il y avait.

Cette négligence leur a été vivement reprochée et l'on verra par la suite que c'était justice.

Le cerveau ayant malencontreusement échappé aux mains des experts, la moelle leur restait et, en supposant même qu'elle fut ramollie, il était au moins possible de la recueillir. Les experts n'en ont rien fait ; la chose en valait cependant la peine.

Plus loin, nous voyons que les poumons adhéraient aux parois de la poitrine par quelques tractus fibreux ; en quels points étaient ces tractus ? à la base ? au sommet ?

Arrivons à la cavité abdominale. On a reproché aux experts d'avoir oublié le pancréas. A cela, ils ont répondu que cet oubli ne saurait avoir de conséquence, attendu que l'examen du pancréas n'aurait pu être tenté à cause de son altération. Pourquoi les experts insistent-ils sur *l'état de conservation remarquable des viscères de cette cavité ?*

De deux choses l'une ; où ils étaient altérés ou ils ne l'étaient pas. S'ils ne l'étaient pas, ils auraient dû et pu examiner le pancréas ; si au contraire ces organes étaient altérés que devient ce fameux argument de la *conservation remarquable* des viscères abdominaux ?

Nous reviendrons du reste sur le rôle de la putréfaction dont on a si singulièrement abusé dans cette affaire, à propos du rapport des experts sur les causes de la mort.

Le gros intestin n'a pas été examiné et cependant cet examen présentait de l'intérêt, car on a pu observer, à la suite de la fièvre typhoïde, des ulcérations siégeant uniquement dans le gros intestin et produisant, même très longtemps après la guérison de la fièvre typhoïde, des diarrhées incoërcibles revenant sous les influences les plus légères.

Les annexes du tube digestif, disent les experts, ne présentent pas, *à l'œil nu*, d'altérations marquées. On s'attendait après cette déclaration, à voir intervenir le microscope, mais il n'en a rien été ; cependant il s'agissait de la vie d'un homme !

Les reins sont sains *en apparence*, disent les experts ; pourquoi *en apparence ?* Les experts ont-ils poussé plus loin leur examen ? Non ; puisqu'ils n'en font pas mention. Et cependant...! Nos lecteurs n'ignorent pas quelle est l'importance du foie en toxicologie, soit qu'on le considère comme organe éliminateur ou comme organe de localisation ; ils savent en outre que, par l'action de certains poisons, le foie subit des altérations qui sont justiciables de l'examen microscopique. Que disent les experts ? *Le foie a une couleur grisâtre.* C'est tout ! et cependant... Quand on a reproché aux experts de n'avoir pas fait un examen complet du foie, ils ont répondu «*cet organe était trop altéré* pour être examiné avec fruit ».

Comment concilier cet état d'altération avec l'état de *conservation remarquable* qu'il présentait tout à l'heure. La logique n'est jamais déplacée même dans les expertises. Les ovaires ont-ils été examinés au microscope ? Non.

Quand à la vessie, cet organe si important qui est le siège d'altérations dans presque tous les empoisonnements, il n'en est même pas *fait mention.* Dernièrement cependant, on publiait des observations de cystite arsénicale et d'écoulements à la suite de l'administration de faibles quantités d'arsenic ; il aurait été intéressant de voir si la vessie présentait des altérations. Les experts ne l'ont pas fait.

Nous reviendrons sur plusieurs de ces points à l'occasion de la discussion du rapport fait sur les causes de la mort.

DEUXIÈME RAPPORT

Analyses chimiques

ANALYSE DES ORGANES DE Mme DANVAL, DE LA MIXTURE ET DES MÉDICAMENTS

Nous soussignés, Georges Bergeron, professeur agrégé à la Faculté de Médecine de Paris, Delens, professeur agrégé à la Faculté de Médecine et Louis-Désiré L'Hôte, préparateur au Conservatoire des Arts et Métiers et répétiteur d'analyse chimique à l'Institut agronomique, commis par ordonnance de M. Guillot, juge d'instruction au tribunal de première instance de la Seine, en date du 20 septembre 1877, à l'effet de procéder :

1e A l'analyse des organes extraits du cadavre de Mme Danval ;

2e A l'examen de la mixture désinfectante recouvrant le cadavre ;

3e A l'analyse des médicaments administrés à Mme Danval ;

Serment préalablement prêté, certifions les faits suivants :

Nous nous sommes rendus le 22 septembre à

sept heures du matin, au cimetière Montmartre, à l'effet d'assister à l'exhumation du cadavre de Mme Danval. L'inhumation ayant été faite dans un caveau scellé, il était inutile de recueillir les échantillons de la terre du cimetière. Le cercueil était en chêne parfaitement clos.

Nous avons procédé à la Morgue à l'autopsie du cadavre et les organes extraits ont été placés dans des bocaux scellés sous nos yeux par les soins de M. Clément, commissaire de police aux délégations judiciaires, en présence de M. Guillot, juge d'instruction.

Les organes extraits du cadavre comprennent l'estomac, une partie des intestins, une partie du foie et un rein. Ils ont été envoyés au laboratoire de l'un de nous, au conservatoire des Arts et Métiers.

Les bocaux portent les pancartes scellées suivantes :

« Délégations judiciaires. Procès-verbal du 22 sep-
« tembre 1877. Scellé n° 1. Bocal renfermant
« l'estomac de la femme Danval.

« Délégations, etc. Scellé n° 2. Bocal renfermant
« le foie et les reins de la femme Danval.

« Délégations, etc. Scellé n° 3. Bocal renfermant
« les intestins de la femme Danval.

« Délégations, etc. Scellé n° 4. Boîte renfermant
« une pilule trouvée dans le corps de la femme
« Danval.

La pilule trouvée dans l'estomac est une petite masse ovoïde formée exclusivement de matière grasse et pesant 0 gr. 235.

Analyse des organes extraits du cadavre de Mlle Danval.

Après l'ouverture des bocaux nous avons constaté les poids suivants des organes :

Estomac.	111	grammes
Intestins.	678	—
Foie.	933	—
Rein.	178	—
En tout.	1900	grammes

Nous avons prélevé dans chacun des bocaux :

Estomac.	40	grammes
Intestins.	265	—
Foie.	135	—
Rein.	75	—
Total.	515	grammes

Cette masse, préalablement divisée avec des ciseaux bien propres, a été partagée en deux portions, l'une pour la recherche des poisons organiques, l'autre pour la recherche des poisons minéraux.

Ces organes présentent une réaction acide au papier de tournesol.

Nous avons suivi pour cette recherche la méthode de Stas. On a opéré sur une portion d'organes pesant 228 grammes, qui a été introduite dans un ballon avec le double de son poids d'alcool rectifié à 93°, on a ajouté une petite quantité de solution alcoolique d'acide tartrique pur jusqu'à franche acidité. Le mélange a été chauffé au bain-marie pendant 6 heures à la température de 70°. Le liquide refroidi a été décanté et filtré sur du papier Berzélius. La partie insoluble, additionnée d'une nouvelle quantité d'alcool, a été maintenue au bain-marie pendant une heure. Après refroidissement, le liquide a été filtré et mélangé à la liqueur précédente.

La solution brunâtre ainsi obtenue a été concentrée à basse température en s'aidant de la machine pneumatique.

Le résidu sirupeux, traité par de l'alcool absolu à froid, a donné une dissolution qui, évaporée spontanément, a laissé un résidu. C'est dans cet extrait final que doivent se trouver les alcaloïdes combinés avec l'acide tartrique. En ajoutant à cet extrait de l'eau distillée, nous avons obtenu une liqueur brunâtre, qui a été saturée par le bicarbonate de potasse en cristaux.

Le mélange versé dans un flacon a été additionné d'un excès d'éther et agité. En évaporant spontanément la couche éthérée surnageante dans une capsule de porcelaine, nous avons obtenu une très petite quantité de résidu brunâtre ne présentant aucune saveur caractéristique.

En soumettant ce résidu à l'action des différents réactifs qui permettent de déceler les alcaloïdes, nous n'avons observé aucune réaction caractéristique.

Il résulte de ce premier examen des organes qu'ils ne renferment aucun alcaloide toxique.

Recherche des poisons minéraux

Première Expérience

L'autre portion des organes pesant 287 grammes, a été soumise à la carbonisation sulfurique par la méthode de Danger et Flandin ; elle a été introduite dans une cornue à l'émeri placée dans un bain de sable et munie d'un ballon allonge refroidi. On a versé sur la masse organique, acide sulfurique, (SO^3, pur) 72 grammes (que nous avons vérifié ne contenir aucune trace d'arsenic), on a chauffé progressivement pendant deux jours ; la carbonisation est alors complète et il ne se dégage plus de vapeurs. Le charbon retiré de la cornue, pesant 53 grammes, a été broyé dans un mortier de verre. Pour déceler dans ce charbon les poisons minéraux, nous avons opéré comme il suit : la poudre noire versée dans un ballon a été mouillée avec 20 centimètres cubes d'acide azotique pur que nous avons vérifié ne pas contenir d'arsenic.

Le mélange a été chauffé pendant deux heures au bain-marie, puis additionné d'un demi litre d'eau distillée chaude. Après agitation et refroidissemment on a filtré sur du papier Berzélius. Le charbon, épuisé par l'eau distillée chaude, a fourni une dissolution colorée en jaune paille, dans laquelle on a fait passer un courant de gaz acide sulfhydrique jusqu'à saturation. Au bout de 12 heures, il s'est formé un léger précipité jaune qui a été lavé par décantation dans le flacon avec de l'eau chargée d'acide sulfhydrique, puis traité dans une petite capsule en porcelaine par de l'acide azotique pur. Le résidu a été additionné d'acide sulfurique pur et légèrement chauffé pour chasser les composés nitreux. C'est dans cette liqueur acide que nous avons recherché l'arsenic à l'aide de l'appareil de Marsh. Après avoir fait fonctionner cet appareil à blanc pendant une demi-heure avec de l'acide sulfurique pur étendu au 1/10, et constaté qu'il ne se condensait que de la vapeur d'eau sur les soucoupes interposées dans la flamme, nous avons introduit dans l'appareil le liquide acide résultant du traitement des organes. En vérifiant attentivement la nature de la flamme avec des soucoupes froides, nous avons obtenu, au bout de quelques minutes, des *taches brunâtres suspectes, d'aspect métallique, sur deux soucoupes.*

Pour déterminer la nature de ces taches, nous avons sacrifié une des soucoupes aux constatations qualitatives. Ces taches mouillées avec une solution faible d'hypo-chlorite de potasse (eau de Javel) disparaissent instantanément.

Ces taches traitées par l'acide azotique disparaissent, si on a soin d'élever un peu la température. Par l'évaporation, il reste un faible dépôt qui, mouillé avec de l'ammoniaque, puis chauffé légèrement et enfin imbibé avec une goutte de solution d'azotate d'argent neutre au 1/20, se colore en rouge brique.

Ces taches, recouvertes d'une goutte d'acide chlorhydrique étendu, se dissolvent et donnent avec l'acide sulfhydrique un très léger précipité jaune de sulfure d'arsenic. *Ces réactions sont caractéristiques pour l'arsenic.*

Le charbon lavé restant sur le filtre a été incinéré au moufle à basse température, dans une capsule de porcelaine; il a laissé des cendres qui, traitées par l'acide azotique, ont donné, après évaporation et traitement par l'eau, un liquide renfermant des traces infinitésimales de cuivre. Ces traces de cuivre ne doivent nullement être attribuées à un empoisonnement et existent normalement dans l'organisme.

Ces expériences démontrent nettement l'existence d'une proportion appréciable d'arsenic dans les organes de la dame Danval.

Deuxième Expérience

Nous sommes arrivés à constater l'arsenic en carbonisant les organes de Mme Danval dans un appareil distillatoire en verre avec de l'acide sulfurique *pur.*

Nous avons au laboratoire une provision d'acide sulfurique qui sert non seulement à la carbonisation sulfurique. mais aussi à alimenter l'appareil de Marsh. En faisant fonctionner à blanc l'appareil de Marsh, nous avons vu que notre acide ne renfermait pas la plus petite trace d'arsenic. Avec l'acide sulfurique, nous avons fait usage d'acide nitrique, de gaz acide sulfhýdrique &a.

Pour vérifier l'existence de l'arsenic dans les organes de la dame Danval, et affirmer qu'il n'a été apporté ni par les réactifs, ni par le mode opératoire nous avons institué les expériences suivantes :

Deux appareils identiques de Flandin et Danger ont été installés sur deux fourneaux ; on a mis dans chacun des appareils un égal poids de matière organique prélevé. sur les mêmes organes, on a ajouté la même quantité d'acide sulfurique pur. Les appareils, ayant été chauffés pendant le même temps, ont donné des charbons qui ont été traités exactement de la même manière.

Dans l'un des appareils, on a traité les organes d'un individu asphixié. « Tartarini, Jean 46 ans,

« décédé par submersion dans un puits le 3 octobre.
« Autopsie par le docteur Bergeron, 6 octobre 1877,
« Estomac, intestins, rein, foie. »

Dans l'autre appareil, on a traité les organes de la dame Danval.

Dans chaque appareil on a mis après division préalable :

Estomac	18	grammes
Intestins	138	—
Foie	228	—
Rein	47	—
Masse organique	431	grammes, à

laquelle on a ajouté acide sulfurique pur 108 gram.

Au bout de deux jours la carbonisation étant terminée, nous avons trouvé :

Dans la Cornue :

Charbon (Organes de Tartarini) . .	83	grammes
— — de Mme Danval) . .	80	—

Dans le ballon :

Liquide condensé (Organes de Tartarini)	372 c.c.
Liquide condensé (Organes de Mme Danval)	355 c.c.

Le charbon et les liquides ont été traités séparément par des quantités égales d'acide azotique, puis d'acide sulfurique. Le liquide condensé coloré en jaune et exhalant l'acide sulfureux, a été chauffé au bain-marie avec de l'acide azotique ; le liquide résidu a été additionné d'acide sulfurique pour chasser les composés nitreux.

Tous ces traitements terminés nous avons eu à examiner par l'appareil de Marsh deux liqueurs provenant des charbons sulfuriques et deux liqueurs provenant des ballons des appareils.

Deux appareils de Marsh identiques et installés d'après les recommandations de l'académie des sciences ont fonctionné à blanc pendant une demi-heure, en les alimentant avec de l'acide sulfurique pur au 1/10.

N'ayant distingué sur les soucoupes interposées dans la flamme aucune tache suspecte, on a versé dans l'un des appareils la dissolution acide résultant du traitement du charbon sulfurique des organes de Tartarini, puis dans l'autre la dissolution acide résultant du traitement du charbon sulfurique des organes de la dame Danval.

Dans le premier appareil, au bout de deux heures, pas la plus petite trace d'arsenic ne s'est déposée sur les soucoupes, aucun anneau ne s'est formé dans la partie chauffée du tube.

Dans le 2e appareil (organes de la dame Danval), au bout de quelques minutes et en suivant l'expérience pendant 2 heures (1), nous avons pu condenser

(1) Ces mots depuis « au bout... » ne se rencontrent pas dans le texte publié par les experts dans *les Annales d'Hygiène et de Médecine légale.*

sur 6 soucoupes des taches brunâtres miroitantes et un léger anneau dans la partie chauffée du tube.

En opérant de la sorte nous avons épuisé l'arsenic qui pouvait se dégager de l'appareil à l'état d'hydrogène arsénié.

Nous avons traité les taches de deux soucoupes pour vérifier leur nature ; *ces taches sont de l'arsenic.*

Il nous restait à rechercher l'arsenic dans les liquides acides des deux ballons convenablement traités. Nous les avons versés dans deux appareils de Marsh installés à nouveau et essayés à blanc.

Le liquide des organes de Tartarini n'a donné aucune tache. Le liquide des organes de la dame Danval, a fourni sur une soucoupe des petites taches brunâtres ayant l'apparence de l'arsenic.

L'existence de l'arsenic dans le produit de la distillation s'explique par la présence dans les organes d'une certaine quantité de sel marin (chlorure de sodium). L'acide sulfurique donne naissance à de l'acide chlorhydrique qui entraîne des traces d'arsenic à l'état de chlorure d'arsenic volatil.

En Résumé, ces expériences démontrent d'une manière indiscutable :

1e Que les réactifs employés ne contiennent pas d'arsenic.

2e Que ces mêmes réactifs, en passant par le cadavre d'un individu asphyxié, n'ont pas fourni d'arsenic.

3e Que les organes de la dame Danval, traités

par les mêmes réactifs dans des appareils fonctionnant d'une manière identique, renferment de l'arsenic en proportion appréciable.

Pour compléter la mission qui nous a été confiée, il nous restait à constater par l'analyse chimique, s'il n'existe pas d'arsenic dans la mixture qui recouvrait le cadavre de la dame Danval, dans les liquides odorants ayant servi à arroser le corps et enfin dans les médicaments administrés à la malade.

Examen de la mixture et des liquides odorants

1e *Mixture.* — Cette mixture est renfermée dans un paquet scellé portant une pancarte ainsi conçue :

« Délégations judiciaires. — Procès-verbal du « 22 septempre 1877. Scellé ne 5, paquet de mixture « prélevé dans la bière de la femme Danval ».

Cette mixture est de la sciure de bois exhalant une odeur cadavérique prononcée.

10 grammes de cette sciure de bois ont été carbonisés par l'acide sulfurique pur dans un petit appareil distillatoire ; le charbon extrait de la cornue et le liquide distillé soumis à l'appareil de Marsh après traitement convenable ne contenaient pas la plus petite trace d'arsenic.

2e *Produits odorants.* — Ces produits sont contenus dans de petites bouteilles portant des pancartes scellées ainsi conçues :

« Délégations, etc. Scellé ne 9. Echantillons de

« teinture de benjoin, préparée par M. Faucon-
« ney pour arroser le corps de Mme Danval au
« moment de la mise en bière. »

« Délégations, etc. Scellé n[e] 8. Echantillons
« d'eau de Cologne préparée par M, Fauconney
« et déposée sur le corps de Mme Danval au moment
« de la mise en bière ».

« Délégations, etc. Scellé n[e] 10. Echantillon d'acide
« thymique employé comme désinfectant et appli-
« qué à l'aide d'un tampon de charpie sur la bouche
« de Mme Danval et préparé à la pharmacie Cen-
« trale ».

Nous avons opéré séparément sur :

Teinture de benjoin.	4 cent. cubes
Eau de Cologne.	2 —
Acide Thymique.	2 —

Ces liquides ont été évaporés dans de petites capsules de porcelaine, en présence d'une petite quantité de potasse pure.

Le résidu, traité par l'acide sulfurique, puis repris par l'eau, a fourni un liquide qui a été introduit dans l'appareil de Marsh.

Aucun de ces liquides ne renferme d'arsenic.

Examen des médicaments

Ces médicaments sont contenus dans une boîte scellée portant une pancarte ainsi conçue :

« Commissariat de police. Délégations judi-

« ciaires. — Procès-verbal du 13 octobre 1877.
« Scellé n^e 1. Couvert, M. Guillot, juge d'instruc-
« tion. Affaire Danval ».

Une bouteille de vin de table ;

Un flacon dragées à la sanguinarine ;

Un flacon dragées au podophillin ;

Deux flacons potion de Rivière ;

Une boîte pilules au protobromure de fer et de manganèse naissant ;

Un flacon teinture de noix vomique ;

Un flacon teinture d'aconit ;

Une boîte mélange pour décoction blanche de Sydenham ;

Une boîte bromure de potassium ;

Une boîte pilules de cynoglosse;

Un paquet poudre d'ipécacuanha ;

Un paquet sous-nitrate de bismuth ;

Un flacon vin de pepsine fine au Malaga :

Saisis chez M. Danval, rue de Maubeuge, 12.

Signé : Clément, Fauconney, Danval.

Nous avons recherché l'arsenic dans chacun des médicaments, en opérant sur les quantités suivantes :

Vin de table, 150 cent. cubes.

Dragées à la sanguinarine, 10 dragées.

Dragées au podophyllin, 10 dragées.

Potion de Rivière 10 cent. cubes de chaque flacon.

Pilules au protobromure de fer et de manganèse, 10 pilules.

Teinture de voix vomique, 5 cent. cubes.

Teinture d'aconit, 5 cent. cubes.

Mélange pour décoction blanche de Sydenham, 5 grammes·

Bromure de potassium, 5 grammes .

Pilules de cynoglosse, 5 pilules.

Poudre d'ipécacuanha, 1 gramme.

Sous-nitrate de bismuth, 1 gramme.

Vin de pepsine (la bouteille contient seulement 39 cent. cubes), 20 cent. cubes.

Pour isoler l'arsenic, on a opéré la carbonisation sulfurique de chacun des médicaments organiques.

Le Sous-nitrate de bismuth a été chauffé avec de l'acide sulfurique pour chasser l'acide nitrique, et le résidu, délayé dans l'eau distillée, a été introduit dans l'appareil de Marsh.

Chaque liquide acide *résidu* a été soumis à l'appareil de Marsh, préalablement essayé à blanc.

Nous n'avons retrouvé d'arsenic dans aucun des médicaments.

CONCLUSIONS

1e *Nous constatons dans les organes extraits du cadavre de la dame Danval, une proportion appréciable d'arsenic.*

2e Nous n'avons opéré que sur la moitié environ des organes, recueillis, laissant tout le reste scellé dans le cas où il conviendrait de faire procéder à une contre expertise.

3e Nous avons laissé dans le cadavre une partie des organes, dans le cas où il conviendrait de faire procéder à une nouvelle exhumation.

Nous n'avons donc opéré en réalité que sur le 1/4 environ des organes qui pouvaient contenir le poison (1).

4e Les réactifs auxquels nous avons soumis les taches obtenues ne laissent aucun doute sur leur nature.

L'arsenic n'existe pas normalement ; le fait est aujourd'hui partout admis, et soutenir le contraire, serait rendre impossible à l'avenir toute recherche toxicologique (2).

L'arsenic introduit dans l'organisme n'a pas, comme le cuivre et peut-être d'autres poisons, (3) la propriété de se localiser et de rester dans certains organes, en proportion presque infinitési-

---

(1) Cette phrase ne figure pas dans la publication faite par les experts.

(2) Notes du *Journal des Connaissances Médicales*, 1878 P. 221. MM. Tardieu et Roussin disaient absolument la même chose à propos du cuivre, ce qui n'a pas empêché plus tard MM. Bergeron et L'Hôte d'admettre l'existence du cuivre normal.

(3) Note du même journal : M. Bergeron a des raisons personnelles pour insister sur les propriétés toxiques du cuivre.

male, il est vrai ; de telle façon que s'il était possible d'admettre qu'accidentellement à une époque plus ou moins éloignée, il y ait eu introduction de très petites quantités d'arsenic, l'élimination se faisant très rapidement surtout par les urines, il n'en pourrait rester aucnne trace appréciable : c'est ce que l'expérience démontre et permet d'affirmer avec une certitude absolue (1).

5e Pour répondre aux objections qui pourraient être faites relativement à l'origine de cet arsenic trouvé dans les organes, objections basées sur les fraudes commerciales qui peuvent amener des traces d'arsenic dans des produits pharmaceutiques, nous avons soumis à l'analyse très précise les échantillons des médicaments qui ont été saisis, par les soins de M. le Juge d'Instruction, en présence et sur les indications de M. Danval, du vin médicinal et du vin ordinaire que Mme Danval buvait.

---

(1) Note extraite du même journal, année 1878, P. 221. Nous appelons tout particulièrement l'attention du lecteur sur cette conclusion des experts. En dépit des travaux récents qui ont démontré de façon irréfutable que l'arsenic se localise dans le système nerveux et dans le foie, les experts n'admettent pas cette localisation. Cette assertion est tellement exhorbitante que les experts sont revenus plus tard sur leur déclaration. Quant à la rapidité de l'élimination, nous verrons par la suite qu'elle n'est nullement établie d'une façon scientifique. La durée de l'élimination varie avec les individus.

Nous n'avons trouvé nulle part de trace, même infinitésimale, d'arsenic.

6e Nous n'avons pas trouvé de traces d'arsenic dans la sciure de bois ni dans les préparations aromatiques qui ont été mêlées à la sciure entourant le cadavre.

7e Comme l'arsenic qui est un *corps simple,* ne peut se former par décomposition dans les cadavres, s'il existe, cela prouve *qu'il a été ingéré* (3).

Notre conclusion est donc qu'il y a eu *ingestion d'arsenic*, et les analyses que nous avons faites prouvent que cet arsenic ne peut provenir ni des matières désinfectantes recouvrant le cadavre, ni des médicaments, ni des produits alimentaires qui ont pu être donnés à la dame Danval.

Nous joignons à notre rapport :

6 soucoupes présentant des taches arsénicales extraites du cadavre de la dame Danval ;

1 tube renfermant un léger anneau d'arsenic extrait du cadavre de la dame Danval.

Nous déposons au Greffe :

3 bocaux scellés, contenant le reste des organes extraits du cadavre de la dame Danval.

---

(2) Note extraite du même journal : Nous supposons que les experts n'attachent pas au mot *ingéré* d'autre signification que porté dans « l'économie ». L'arsenic, dans le cas actuel, ayant pu être absorbé par la voie pulmonaire, il aurait été téméraire de laisser croire que cette absorption a eu lieu par les voies digestives.

Estomac.	53	grammes
Intestins.	275	—
Foie.	570	—
Rein.	56	—
En tout.	954	grammes

Et une caisse renfermant le reste des médicaments saisis en quantité suffisante pour procéder, s'il convient, à une nouvelle expertise.

Paris, 13 novembre, 1877.

Signé : E. L'hôte,
E. Delens,
Georges Bergeron,

TROISIÈME RAPPORT

Causes de la mort

Nous soussignés etc., etc., croyons pouvoir établir ainsi qu'il suit les causes de la mort de la dame Danval :

Mme Danval a-t-elle succombé à une maladie naturelle ?

Les médecins qui ont soigné la dame Danval n'ont pu dire quelle avait été la cause certaine de sa mort. Plusieurs médecins ont été appelés, mais un seul, le docteur Renault, a soigné assez régulièrement la dame Danval. Elle avait eu avant son mariage une fièvre typhoïde bénigne dont elle s'était bien rétablie... La santé a pu se détruire, a dit le docteur Dervillez, par suite de secousses morales. Le Docteur Agostini constate qu'elle lui aparu anémique (déposition du 9 octobre). Le Docteur Ozanam l'a vue accidentellement il y a 18 mois ; elle avait des symptômes de cholérine avec superpurgation intense (déposition du 9 octobre).

Lorsque le Docteur Renault fut appelé pour la première fois auprès de Mme Danval, elle se plaignait de fréquents vomissements et était anémique. Quelque temps après, les époux s'étant séparés de fait et Mme Danval s'étant retirée chez ses parents, le Docteur la visita du 20 septembre au 7 octobre (1) ; pendant ce temps-là on n'a constaté que des accidents d'anémie et elle n'a pas eu de vomissements (Dép. 18 octobre). Un peu plus tard on demanda au docteur Renault une nouvelle consultation, *il constata que Mme Danval avait encore dépéri ; elle avait des sueurs nocturnes, une toux sèche et incessante* (Dép. du 22 septembre).

Quinze jours après, l'état s'était aggravé, la malade se plaignait beaucoup de la tête, elle avait des vomissements continus et une diarrhée violente. Ceci se passait le vendredi 7 septembre. Le dimanche matin, lorsque le médecin arriva, Mme Danval était au plus mal ; elle ne répondait plus aux questions. Il constata l'insensibilité du pouls et un état de subdélirium.

Le Docteur Colvis qui fut appelé en consultation dans les derniers jours, ne put formuler un diagnostic certain, « la mort étant survenue d'une façon

(1) Mme Danval resta deux jours et demi chez ses parents et non 17 jours comme le rapport le laisse à supposer. — Le docteur Renault l'a reconnu sur une observation du juge d'instruction dans sa déposition du 20 novembre.

imprévue » (Dép. du 26 septembre). Le Docteur Ernest Besnier appelé en consultation, arriva au moment où la malade venait d'expirer.

La veille de la mort, Mme Jarry, mère de Mme Danval, était auprès de sa fille. La malade se voyait mourir. « Je ne sais ce que j'ai, disait-elle, je n'ai pas de force, mon estomac me brûle, j'ai la langue desséchée », il lui semblait qu'elle *avait une jambe paralysée.*

On a pensé que la dame Danval avait pu succomber aux suites d'une fièvre typhoïde à forme insidieuse ou d'une méningite tuberculeuse.

Si l'on se reporte aux descriptions qui ont été données de l'état de Mme Danval par les médecins qui l'ont soignée, on ne voit rien qui ait trait à la fièvre typhoïde ni à la méningite... (car si la malade a eu des vomissements abondants, ils étaient toujours accompagnés de diarrhée et non *de constipation*) (1).

Mme Danval, la veille de sa mort, avait encore toute sa lucidité d'esprit. Se sentant mourir, elle demandait à sa mère pardon des torts involontaires qu'elle avait pu avoir envers elle ; elle n'a eu de délire que pendant son agonie.

Nous avons procédé à l'autopsie du cadavre, *dont les organes étaient dans un état parfait de conser-*

---

(1) On remarquera cependant que parmi les médicaments analysés figurent les pilules de podophillin contre la constipation.

vation (1); il n'y avait ni dans les intestins, ni dans les ganglions mésenteriques, ni dans la rate, rien qui put faire connaître une fièvre typhoïde, même à son début. Il n'y avait aucune lésion de l'estomac. Mme Danval n'était pas enceinte. Il n'y avait pas trace de granulations au sommet des poumons.

Il est vrai que l'état du cerveau, ramolli et grisâtre, ne nous a pas permis de constater s'il existait ou non des granulations le long des vaisseaux de la base. Mais nous pouvons écarter toute probabilité d'une méningite tuberculeuse aux suites de laquelle Mme Danval aurait succombé, parce que pendant la vie on n'a observé aucun des signes de la méningite tuberculeuse, en second lieu, parce qu'il n'existait au sommet des poumons aucune trace des tubercules.

Une quantité appréciable d'arsenic existe dans les viscères extraits du cadavre de la dame Danval. Quelle peut en être l'origine ?

Il existe, dans la moitié environ de la masse totale de l'estomac, des intestins et du foie extraits du cadavre de la dame Danval, une quantité appréciable d'arsenic.

L'arsenic absorbé se répand dans tout l'orga-

(1) Note du *Journal des Connaissances Médicales*, 1878, P. 240. Les experts ne se font pas prier, on le voit, pour répéter cette assertion, dont ils se débarrasseront comme d'un préjugé au cours des débats.

nisme jusque *dans le cerveau, qui en contiendrait une notable proportion* (ARMAND GAUTIER) (1).

Vingt centigrammes d'acide arsénieux sont une dose suffisante pour donner la mort et cela ne représente qu'une pincée à peine d'une poudre blanche assez dense.

Le plus souvent l'arsenic est donné à doses massives, 8, 10 à 15 grammes (A. TARDIEU). Dans ces cas, lorsque la mort survient après quelques heures, une notable partie du poison est restée dans l'organisme et on comprend ainsi qu'on puisse, avec la flamme de l'appareil de Marsh, noircir plusieurs soucoupes de porcelaine, obtenir des anneaux que l'on pourra peser.

Mais il n'en sera pas de même si le poison est donné à plusieurs jours, à 2 ou 3 semaines peut être d'intervalle, *à la dose de quelques centigrammes.*

Dans ce cas, aucune tolérance ne peut s'établir.

L'organisme, profondément atteint par les suites d'une première ingestion, est plus susceptible encore d'être impressionné par des doses successives.

Quelques heures après l'ingestion, on retrouve dans les urines de l'acide arsénieux éliminé ; s'il s'agit d'un arséniate soluble, il peut apparaître moins d'une heure après (HUSEMANN). Le poison

---

(1) Note du *Journal des Connaissances Médicales*, P. 241, année 1878. On voit que cette remarque diffère essentiellement de la proposition émise dans le premier rapport.

s'élimine rapidement et *totalement* après 12 à 15 jours, 3 semaines, un mois *au plus* (HUSEMANN). Il s'élimine par les urines, les déjections, les vomissements, par la bile (TAYLOR), par les sueurs, par la peau (CHATIN) par l'expiration pulmonaire même (STANDIN-CAPELLO).

Le poison existant dans l'organisme diminue ainsi jour par jour graduellement, de façon qu'après 12 à 15 jours, s'il en existe encore, on n'en pourrait déceler *que des traces*.

HUSEMANN fait remarquer (*Handbuch der toxicologie, zweite Halfte* p. 823) *qu'on ne retrouvera point trace d'arsenic dans le cadavre des individus empoisonnés lorsqu'ils auront survécu un certain temps après l'ingestion du poison.* Une quantité même très faible d'arsenic trouvée dans les viscères, dans le cas où l'on peut supposer un empoisonnement par doses répétées à intervalles de quelques jours, de 2 à 3 semaines, donne la preuve de l'empoisonnement, lorsque d'une part les accidents observés pendant la vie se rapportent à ceux de l'empoisonnement arsénical chronique; et que d'autre part l'arsenic ne peut provenir d'aucune autre cause que de l'empoisonnement.

Nous ferons remarquer d'abord que l'arsenic *n'existe pas normalement dans l'organisme.*

Lorsque nous recherchions autrefois si le cuivre existait ou non normalement dans l'organisme, nous avons fait des recherches sur un grand nombre de cas. Récemment, nous avons répété ces analyses (et nous en donnons le résultat dans le rapport d'analyses chimiques). *Jamais nous n'avons trouvé dans les viscères d'aucun cadavre de traces, même infinitésimales d'arsenic.*

L'arsenic ne peut provenir de la putréfaction des organes. Ce n'est plus admis par personne et ne mérite point d'être discuté.

L'arsenic ne peut provenir même du cimetière, puisque le cercueil en chêne massif était dans un caveau scellé et maçonné.

L'arsenic ne peut provenir de la sciure de bois, du tan, des aromates etc., qui se trouvent dans le cercueil. L'analyse a été faite avec soin, il n'y a point de traces même infinitésimales d'arsenic. Il n'en existe point non plus *dans les médicaments qui ont pu être donnés à Mme Danval, dans le vin qu'elle buvait.* Un échantillon cacheté de ce vin, des échantillons de tous les médicaments ont été analysés *avec soin.*

Y a-t-il analogie entre les accidents observés chez Mme Danval et ceux de l'empoisonnement lent (1) *par l'arsenic ?*

Il suffit de lire dans un livre classique, la description de cette forme de l'empoisonnement, de relire

(1) Note du *Journal des Connaissances Médicales*, 1878, P. 241. Les experts ont nié depuis avoir soutenu cette thèse d'un empoisonnement lent.

ensuite les dépositions recueillies dans l'instruction, pour reconnaître combien l'analogie est grande. Les accidents nerveux, les éruptions cutanées peuvent manquer ; mais ce qui est caractéristique, c'est l'altération profonde de tout l'organisme, alors même qu'il n'y a point de vomissements incessants, de diarrhées profuses ; c'est la mort qui dans la forme lente survient presque inopinément.

Qu'a-t-on observé chez la dame Danval ? Elle a, à plusieurs reprises, des crises qui toutes se caractérisent par des *vomissements* abondants, des diarrhées profuses, elle se rétablit, puis les vomissements et la diarrhée reparaissent. Elle dépérit graduellement, elle a des *sueurs nocturnes*, une *toux incessante*. C'est ce que voit, ce qu'observe, ce que décrit le médecin. Elle garde sa *connaissance* jusqu'à l'agonie, mais elle sent qu'elle va mourir, il lui semble qu'elle se vide entièrement (Dép. du D. Renault.) elle croit que sa jambe est paralysée ; le lendemain elle meurt d'une façon presque imprévue (Dép. du Dr Colvis).

En résumé :

1e Il existe une quantité appréciable d'arsenic dans une partie des viscères extraits du cadavre de Mme Danval.

2e Les accidents éprouvés par Mme Danval, pendant plusieurs mois, vomissements et diarrhées cessant puis revenant ensuite, dépérissement, sueurs nocturnes, collapsus et mort, ont la plus grande analogie (1) avec les accidents observés dans les cas d'empoisonnement par doses répétées de préparations arsenicales.

3e Comme à l'autopsie, nous ne constatons aucune cause naturelle de mort et qu'il existe une quantité appréciable d'arsenic dans les viscères extraits du cadavre, arsenic ne pouvant provenir que de l'ingestion de préparations arsénicales, *nous croyons devoir attribuer* à l'empoisonnement par l'arsenic la mort de Mme Danval.

9 Novembre 1877.

Signé : DELENS. Georges BERGERON

---

(1) Note du *Journal des Connaissances Médicales*, 1878, p. 242.

A l'audience, les experts ont affirmé qu'ils avaient une certitude absolue, et qu'ils ne conservaient aucun doute.

Mémoire de M. Bouis

Monsieur le Juge d'Instruction,

Lorsque j'ai eu l'honneur de m'entretenir avec vous, pour la première fois, de l'affaire Danval, je vous ai dit que je voulais bien me charger d'une contre-expertise ; mais je vous ai fait observer que je n'entendais nullement me poser en défenseur quand même de l'inculpé et que je n'acceptais cette délicate mission que dans l'intérêt de la justice et de la vérité.

En venant vous rendre compte aujourd'hui du résultat de mes recherches, j'ai la conscience d'avoir rempli mon devoir sans m'être laissé influencer par aucune considération.

Pour me mettre au courant de la question vous m'avez remis :

1e Un rapport d'autopsie du cadavre de la dame Danval en date du 22 septembre 1877, Signé : Bergeron, Delens.

2e Le rapport chimique en date du 13 novembre 1877, Signé : L'hote, Bergeron, Delens.

3e Le rapport médical établissant les causes de la mort de la dame Danval, en date du 9 novembre 1877, Signé : Bergeron, Delens.

Le rapport d'autopsie conclut qu'en l'absence de causes appréciables de mort naturelle, il y a lieu de procéder à l'analyse chimique des viscères.

L'analyse chimique constate dans les organes la présence d'une quantité appréciable d'arsenic.

Enfin, le rapport médical, s'appuyant sur la présence de l'arsenic dans les viscères du cadavre, *cherche à établir* que l'empoisonnement de la dame Danval provient de l'ingestion de préparations arsénicales.

Notre premier devoir était de répéter les analyses afin de contrôler les résultats annoncés.

Mais, au lieu d'opérer, comme les experts l'ont fait, sur le mélange des divers organes, nous avons demandé à soumettre séparément à l'analyse : le foie, l'estomac, les intestins. C'est ainsi que l'on opère habituellement, si l'on veut connaître dans quelle partie du corps se trouve le poison et *cela peut avoir une grande importance au point de vue de l'empoisonnement.*

Nos expériences ont eu lieu au Conservatoire des Arts et Métiers, au laboratoire de M. L'hôte.

Nous avons pris 100 gr. de foie que nous avons traité dans une capsule de porcelaine, par l'acide chlorhydrique et le chlorate de potasse.

La matière organique ayant été complètement désagrégée et décolorée, on a étendu d'eau et filtré sur du papier Berzélius, préalablement mouillé. Le liquide filtré et évaporé au bain-marie, pour chasser l'excès de chlore, a été mis à refroidir. Pendant ce temps, on a fait fonctionner un appareil de Marsh alimenté par de l'acide sulfurique et du zinc purs.

Au bout d'une demi-heure, la flamme de l'hydrogène ne produisant aucune tache sur les soucoupes, on a versé par petites portions dans l'appareil le liquide provenant du foie. Après une demi-heure environ d'attente, de légères taches noirâtres se sont produites sur la porcelaine et on a pu recueillir de très minces taches sur deux soucoupes.

Pour s'assurer que les taches étaient produites par de l'arsenic, il a fallu sacrifier une soucoupe. On a constaté qu'une dissolution étendue d'hypochlorite de soude faisait disparaître les taches touchées par ce liquide, et, d'autre part, l'arsenic transformé en acide arsénique par l'acide nitrique a produit avec un sel neutre d'argent une coloration rouge, due à la formation d'arséniate d'argent.

La présence de l'arsenic a donc été constatée en proportion *excessivement faible* dans le foie. Nous avons ensuite pris le restant de l'estomac, c'est-à-dire 49 grammes, et nous l'avons traité comme le foie par l'acide chlorydrique et le chlorate de potasse. Nous n'avons pu obtenir sur une soucoupe que des taches noires infinitésimales contenant un peu de matière organique, car, en les reprenant par l'acide azotique et évaporant lentement, il s'est formé un dépôt noir qui n'a disparu qu'en chauffant. Si donc il y avait de l'arsénic dans l'estomac, ce n'était qu'en proportion infinitésimale, et sa présence pourrait même s'expliquer par le contact des instruments ou des mains ayant touché préalablement le foie pendant l'autopsie.

Ainsi, la présence dans l'estomac de l'arsenic, *même en quantité infinitésimale*, est douteuse.

Nous avons enfin traité 200 grammes d'intestins par l'acide chlorhydrique et le chlorate de potasse. Ils ont été très rapidement attaqués et décolorés ; après avoir ajouté un peu d'eau dans la capsule pour séparer les matières grasses, on a filtré sur du papier, et on a chauffé au bain-marie le liquide filtré. L'odeur de chlore ayant complètement disparu, on a placé le liquide dans un flacon dans lequel on a fait circuler un courant prolongé d'acide sulfhydrique. La liqueur étant bien saturée de ce gaz, on a bouché le flacon et on a laissé en repos pendant deux jours.

Après ce temps, on a décanté le liquide (A) et on a recueilli sur un filtre le dépôt qui avait pris naissance. Ce dépôt était jaune et renfermait en grande partie de la matière organique. Le dépôt, lavé à l'eau distillée, a été repris par l'ammoniaque qui a produit une coloration brune, rougeâtre ; la dissolution ammoniacale, évaporée au bain-marie, est devenue noire, mais l'addition d'acide azotique a fait prendre au liquide une teinte jaunâtre, et, par la concentration, il s'est formé un dépôt blanc d'azotate d'ammoniaque. On a chauffé ce résidu avec de l'acide sulfurique pour chasser les composés nitreux. On a enfin repris par l'eau et le liquide a été versé dans un appareil de Marsh fonctionnant à blanc depuis une demi-heure. On a immédiatement obtenu de petites taches sur trois soucoupes ; l'une d'elles a été employée à constater que les taches étaient dues à l'arsenic.

Le liquide (A), qui avait fourni le dépôt précédent, a été filtré pour recueillir les dernières portions de la matière jaune restée en suspension ; le filtre lavé à l'eau distillée, a été séché et brûlé dans une capsule de porcelaine par l'acide nitrique; le charbon, chauffé avec de l'acide sulfurique, a été versé dans l'appareil de Marsh et a fourni encore de très faibles taches sur une soucoupe.

Dans les intestins, nous avons donc constaté la présence de faibles quantités d'arsenic.

Nous avons le regret de n'avoir pu faire l'examen du cerveau ; mais, comme nous le verrons plus loin, il paraît qu'en ouvrant le crâne, le cerveau est tombé en bouillie par terre.

La présence de l'arsenic dans le foie et dans les intestins a été démontrée en suivant une marche différente de celle employée par les experts et les résultats sous ce rapport sont concordants.

En résumé, nous avons constaté la présence de quantités très faibles d'arsenic dans le foie et dans les intestins de la dame Danval.

Ajoutons, toutefois, que la proportion d'arsénic se trouve en si minime proportion que nous nous sommes bornés à recueillir des taches sans chercher à obtenir des anneaux dans des tubes, par la raison que nous aurions été obligés de les détruire pour constater les caractères de l'arsenic et qu'il nous aurait été impossible de représenter *le corps du délit.*

Nous évaluons, *par comparaison,* le proportion d'arsenic que nous avons obtenue à une fraction de milligramme et celle contenue dans tout le corps à *environ un milligramme*, proportion bien plus faible que celle contenue dans un verre d'eau minérale de la Bourboule, par exemple.

Dans le cours de nos recherches, nous n'avons rencontré dans les organes aucun autre corps toxique.

L'arsenic existe-t-il normalement dans le corps ?

Nous répondons à cette question. Non.

Jamais, dans nos leçons nous n'avons admis l'arsenic normal. L'arsenic trouvé ne peut se rencontrer dans le corps que s'il y a été introduit, soit avec une intention criminelle ou de suicide, soit par les aliments ou les médicaments (1).

---

(1) Note du *Journal des Connaissances Médicales*, p. 261. A cette époque M. Bouis ignorait encore que les rideaux du lit et ceux de l'appartement de Mme Danval renfermaient une quantité considérable d'un composé arsénical.

Depuis que l'acide sulfurique se prépare au moyen des pyrites, ce corps contient à peu près toujours de l'arsenic, et tous les produits industriels ou pharmaceutiques, dans la préparation desquels entre l'acide sulfurique, deviennent suspects.

Tous les jours des produits ainsi fabriqués sont signalés comme contenant de l'arsenic, et, dernièrement encore, on a constaté la présence de ce corps toxique dans du sirop *de glucose.*

On sait également que des liqueurs et des bonbons sont colorés par des matières dérivées de l'aniline et renfermant de l'arsenic.

D'un autre côté, certaines préparations pharmaceutiques renferment de l'arsenic apporté par d'autres causes.

Ainsi, le sous-azotate de bismuth, dont on fait si grand usage, est le plus souvent arsénical ; ce fait est établi par tous les professeurs de pharmacie, et M. Ritter, professeur à l'Ecole de Nancy, a analysé un échantillon de sous-azotate de Bismuth du commerce renfermant 0, 4 % d'arsénic. Un bismuth de cette nature serait évidemment toxique.

Nous connaissons des empoisonnements qui ont été produits par du sous-azotate de bismuth arsenical.

Certains médecins prétendent que ce sel n'agit que par l'arsénic qu'il renferme.

Si, dans le cours de sa maladie, la dame Danval

avait absorbé du sous-azotate de bismuth arsénical, on s'expliquerait facilement la présence de l'arsenic dans ses organes.

Malheureusement, nous n'avons pu soumettre à l'analyse le bismuth qu'a pris la dame Danval pendant sa longue maladie.

Les experts, il est vrai, ont examiné le sous-azotate de bismuth trouvé en dernier lieu dans la pharmacie Danval, mais ils n'ont opéré que sur 1 gramme, quantité beaucoup trop faible pour un pareil examen.

M. le Commissaire de police, chargé d'aller prélever à la pharmacie une nouvelle quantité de sous-azotate de bismuth, a trouvé la provision épuisée, et il lui a été répondu que le bismuth contenu dans le flacon provenait d'un autre fournisseur.

Quoiqu'il en soit, la quantité très faible d'arsenic trouvé dans le foie et dans les intestins de la dame Danval et *son absence dans l'estomac* éloignent toute idée d'un empoisonnement aigu par ce corps ; c'est également l'opinion des experts.

Là pourrait se borner mon rôle de chimiste et je trouve que M. L'hôte a sagement agi en ne signant pas le rapport médical; mais, ma position de professeur de toxicologie m'impose le devoir de pousser plus loin mes investigations et de rechercher si, comme le prétendent les experts, la dame Danval a été empoisonnée par des doses répetées de préparations arsénicales.

Et, d'abord, je relève dans un des rapports le paragraphe suivant :

« L'arsenic introduit dans l'organisme n'a pas, « comme le cuivre et peut-être d'autres poisons, « la propriété de se localiser et de rester dans « certains organes en proportion presqu'infinité- « tésimale, il est vrai, de telle façon que s'il était « possible d'admettre qu'accidentellement, à une « époque plus ou moins éloignée, il y ait eu intro- « duction de très petites quantités, l'élimination « se faisant très rapidement, surtout par les urines, « il n'en pourrait rester aucune trace appéciable; « c'est ce que l'expérience démontre et permet « d'affirmer, avec une certitude absolue ».

Admettre que l'arsenic ne se localise pas, c'est commettre une erreur grossière et se mettre en contradiction avec tout ce qui est connu depuis 40 ans.

On sait très bien que l'arsenic se trouve dans le foie, dans le cerveau, en quantité plus forte que dans d'autres organes.

Les experts, d'ailleurs, reconnaissent eux-mêmes, dans un autre rapport, que l'arsenic se répand jusque dans le cerveau, qui en contiendrait une notable proportion (ARMAND GAUTIER).

Je compléterai la citation faite par les experts, en ajoutant que, d'après les expériences faites par le Dr Scolosuboff, au laboratoire de la Faculté de médecine, sous la surveillance de M. Armand Gautier, lorsque 100 de chair musculaire contiennent 1 d'arsenic, la même quantité de foie en renfermera 10, le cerveau 36, la moëlle 37.

Il n'est pas nécessaire d'insister plus longtemps sur ce point, qui est indiscutable, et nous ne pouvons nous expliquer cette erreur des experts qu'en supposant qu'ils n'attribuent pas au mot *localisation* le sens qui est généralement admis (1).

Quant à l'élimination de poison, elle est très variable, selon une foule de circonstances, et le corps ne parvient quelquefois à se débarrasser de tout l'arsenic qu'après un temps très long.

Il ne s'*élimine* pas avec la même rapidité par les différentes voies qui lui sont ouvertes ; c'est pour cela qu'on a pu, longtemps après l'empoisonnement, retrouver de l'arsenic dans le foie, les reins, les poumons.

Les experts prétendent que l'arsenic existant dans l'organisme, diminue jour par jour, graduellement, de façon qu'après 12 ou 15 jours s'il en existe encore, on n'en pourrait déceler que des traces.

Nous pourrions leur citer des auteurs qui prétendent que l'arsenic peut rester plusieurs années dans le corps, mais n'exagérons rien et bornons-nous, pour le moment, à signaler ce fait, bien

---

(1) Note du *Journal des Connaissances Médicales*, P. 262. On verra dans la réponse faite au mémoire de M. Bouis, avec quel empressement les experts ont saisi la perche qu'on leur tendait.

constaté, qu'une jeune fille soumise à un traitement par la liqueur de Fowler présenta les symptômes d'empoisonnement et eut ses membres paralysés ; l'usage de l'arsenic fut suspendu, des boissons diurétiques furent administrées pour favoriser l'élimination du poison et, malgré cela, on retrouva de l'arsenic dans les urines pendant 50 jours et rien ne prouve qu'il n'en restait pas encore dans les organes. Il est même à peu près certain que le foie devait en renfermer.

En s'éliminant par la peau, l'arsenic produit des phénomènes d'irritation pouvant aller jusqu'à l'inflammation ; de là, les prurits, les taches brunes, les éruptions, etc.

Partant de ce fait (inexact) que l'arsenic ne se localise pas et qu'il est promptement éliminé, les experts supposent que l'on a administré à la dame Danval des doses d'arsenic capables de produire des accidents graves, puis qu'on en a suspendu l'usage jusqu'à ce que le poison fût éliminé et qu'on a ainsi recommencé plusieurs fois l'ingestion du poison. Ce sont là des hypothèses toutes gratuites qui ne nous paraissent pas sérieuses.

Voyons maintenant sur quoi se fondent les experts pour conclure à l'empoisonnement.

L'opinion de tous les toxicologistes, pour affirmer qu'un empoisonnement a eu lieu, est qu'il soit établi sur la triple base des symptômes observés pendant la vie, des altérations constatées dans les organes et de la recherche du poison par l'analyse chimique.

M. Tardieu, si compétent en pareille matière, s'exprime ainsi : « La question du diagnostic médical exige l'ensemble des preuves sur lesquelles doit toujours, en matière d'empoisonnement, s'appuyer le médecin légiste : les symptômes observés pendant la vie, les données fournies par l'autopsie, les résultats de l'analyse chimique », et dans un autre passage il ajoute : « Extraire le poison des organes de la victime et le montrer avec ses caractères palpables ; c'est beaucoup sans doute, quelquefois c'est l'évidence même ; en réalité cependant cela ne suffit pas, si l'on ne peut rattacher la présence du poison aux symptômes observés pendant la vie et *aux lésions constatées sur le cadavre* ».

C'est ainsi que s'expriment tous les vrais toxicologistes.

Dans l'affaire qui nous occupe, nous ne connaissons les symptômes que par le rapport des experts qui ont puisé dans les interrogatoires des médecins appelés à soigner la malade tout ce qui venait à l'*appui de leur manière de voir.*

Il serait à désirer qu'un médecin légiste plus compétent que moi fût appelé pour discuter cette question.

En me basant seulement sur le rapport des experts, je constate que la dame Danval était malade depuis 18 mois, qu'elle avait été traitée pour une cholérine, qu'elle était anémique, qu'elle avait des vomissements, des diarrhées, des sueurs nocturnes. *Or, je ne vois nulle part signalé aucun des autres symptômes que l'on rencontre dans les empoisonnements lents par l'arsénic*, tels que saignements de nez, hémorrhagies variées, taches petechiales, éruptions miliaires, syncopes, attaques convulsives, douleurs des jointures, contracture des doigts et des orteils, tremblements, paralysies, etc. Certainement *tous* ces symptômes ne se rencontrent pas chez un même malade, mais les éruptions et surtout les accidents nerveux sont très fréquents. La seule chose qui ait fixé l'attention, ce sont les vomissements, les diarrhées, les sueurs nocturnes, *symptômes* qui, comme la sécheresse de la langue, *appartiennent à trop de maladies*, pour offrir rien de caractéristique.

Quant aux lésions, le rapport d'autopsie ne nous en signale aucune. Les experts constatent seulement l'état de conservation remarquable des viscères de la cavité abdominale ; cela n'a rien d'extraordinaire puisque l'autopsie a été pratiquée 12 jours seulement après la mort. La substance cérébrale s'échappe à l'ouverture de la cavité crânienne, sous forme d'une bouillie grisâtre, résultat de la putréfaction. La muqueuse de l'estomac n'est le siège d'aucune altération, elle ne présente ni ulcérations ni érosions, ni hémorrhagies. Les reins sont sains en apparence, mais peu colorés. Le foie a une couleur grisâtre.

Ainsi pas de lésions indiquées ; cependant les lésions anatomiques tiennent une place importante parmi les caractères de l'empoisonnement par l'arsenic. Si les inflammations du tube digestif et les hémorrhagies n'existent pas toujours dans les empoisonnements lents par l'arsenic, *il est au contraire des lésions qui ne font jamais défaut.*

Il importe d'ajouter, dit M. Tardieu, qu'il ne faut pas se borner à chercher aujourd'hui les lésions caractéristiques de l'empoisonnement, comme on le faisait autrefois, à la surface des organes. La science moderne a montré que les éléments anatomiques des tissus organisés sont eux-mêmes atteints par le poison et subissent des altérations, des désorganisations que le *microscope* permet de reconnaître jusque dans les globules du sang, dans les fibres musculaires, dans les canalicules nerveux, dans les profondeurs des glandes, dans les cellules des épitheliums.

Les globules sanguins sont détruits, le foie est envahi par la stéatose c'est-à-dire par la dégénérescence graisseuse. Le foie devient souvent si graisseux qu'en le plongeant dans l'eau, il surnage. La stéatose du foie est la plus fréquente ; on l'observe aussi sur les reins, le système musculaire et principalement le cœur.

M. Bergeron, plus que tout autre, a dû porter son attention sur ce point puisqu'en 1863, il a publié dans le Journal de la Physiologie un travail sur cette question.

Or aucune de ces lésions n'a été indiquée dans le rapport d'autopsie ; *elles n'existaient donc pas.*

En résumé :

1e Les symptômes qu'on invoque pour conclure à un empoisonnement par l'arsenic sont très incomplets et peuvent appartenir à certaines maladies.

2e Les lésions font complètement défaut.

3e La proportion d'arsenic trouvée dans les organes est infiniment faible et son origine peut être due à des causes accidentelles.

De l'ensemble de tout ce qui précède et après avoir mûrement réfléchi, je crois pouvoir conclure en mon âme et conscience, que la dame Danval n'est pas morte empoisonnée par l'arsenic.

Paris, le 19 décembre, 1877.

J. Bouis

Interrogatoire de M. Jean Bouis

PROFESSEUR DE TOXICOLOGIE
A L'ÉCOLE DE PHARMACIE DE PARIS, MEMBRE DE L'ACADÉMIE DE MÉDECINE,
DIRECTEUR DES ESSAIS A LA MONNAIE

après la remise de son Mémoire

DEMANDE : Les nouvelles expériences faites en votre présence à la demande de l'inculpé, ont confirmé les résultats obtenus par les premières analyses ?

Il est donc constant que de l'arsenic existe dans les viscères de la Dame Danval et que les taches obtenues sont bien dues à ce toxique et non pas à l'antimoine ou à un corps inconnu comme l'inculpé avait essayé de le soutenir lorsque le résultat des expériences fut mis sous ses yeux le 14 novembre dernier.

RÉPONSE : Nous sommes d'accord sur ce premier point qu'il existe de l'arsenic dans le foie et dans les intestins mais en très petite quantité.

DEMANDE : Contestez-vous la présence de l'arsenic dans l'estomac ?

RÉPONSE : Il y en a, mais en quantité infinitésimale.

DEMANDE : Vos conclusions reposent sur quatre ordres d'idées :

1° Symptômes incomplets.

2e Absence de lésions.
3e Proportion infiniment faible de poison.
4e Possibilité d'ingestion accidentelle.

1° SYMPTÔMES INCOMPLETS.

DEMANDE : Vous exprimez en premier lieu cette opinion : que les symptômes peuvent appartenir également à d'autres maladies, mais vous n'avez pas rappelé cette circonstance, à savoir : qu'avant la découverte de l'arsenic, la mort était absolument mystérieuse, tandis qu'après, les médecins qui avaient donné des soins, ont pu nous faire les déclarations suivantes :

Docteur COLVIS : « si on m'avait appris avant la mort que Mme Danval avait absorbé de l'arsenic, je me serais tout expliqué ».

Docteur RENAULT : « La présence de l'arsenic peut expliquer la plupart des symptômes ».

Docteur DERVILLEZ : « La présence de l'arsenic explique parfaitement les accidents qui se sont produits les 6 et 9 août ».

RÉPONSE : Il y a des accidents qui se reproduisent presque toujours et qui ne paraissent pas avoir été constatés et cependant, dans mon opinion, plus l'empoisonnement aura été lent, plus les symptômes seront complets.

DEMANDE : Pour vous soumettre tous les éléments d'appréciation, nous vous donnons la nomenclature des différents accidents qui ont été observés, soit par les médecins, soit par les personnes qui ont approché Mme Danval.

Cholérine.

Superpurgation intense.

Vomissements continus.

Vomissements de couleur verdâtre.

Diarrhées violentes.

Crampes d'estomac.

Langue dure comme une râpe.

Sensation de brûlure à l'estomac.

Palpitations de cœur.

Toux sèche, caverneuse, incessante.

Sensation de paralysie dans une jambe.

Sensation d'étranglement.

Sueurs nocturnes.

Dépérissement progressif.

Collapsus et mort.

Parmi ces accidents, s'en trouve-t-il quelques-uns qui soient exclusifs d'une intoxication arsénicale ?

Réponse : Non, Monsieur, les accidents peuvent bien s'appliquer à un empoisonnement par l'arsenic, mais ils peuvent aussi s'appliquer à une autre maladie ; mais ce sont là des questions médicales sur lesquelles je préfère ne pas me prononcer.

Demande : Pensez-vous que les symptômes qui manquent soient absolument indispensables, pour conclure à l'empoisonnement ?

Réponse : Oui, c'est mon opinion, ces symp.

tômes sont principalement : les taches, les éruptions et les accidents nerveux.

DEMANDE : Mais, si des symptômes tels que ceux qui ont été observés se trouvent corraborés par d'autres preuves, faudra-t-il conclure à l'impossibilité d'un empoisonnement par cela même qu'il n'y aura eu ni taches, ni éruptions, ni accidents nerveux ?

RÉPONSE : Non, naturellement, s'il y a d'autres preuves.

Les symptômes dont je vous ai parlé tout à l'heure ne sont pas indispensables, seulement on les rencontre habituellement.

Il ne serait pas prudent de s'en rapporter aux symptômes seuls pour conclure à un empoisonnement parce qu'ils varient suivant les individus et peuvent avoir leur cause dans diverses maladies.

2° ABSENCE DE LÉSIONS.

DEMANDE : Sur ce point, votre opinion est qu'il ne peut y avoir d'empoisonnement par l'arsenic sans qu'il existe de lésions ?

RÉPONSE : Il y aura toujours des lésions plus ou moins appréciables, quelquefois le microscope sera nécessaire pour les découvrir.

DEMANDE : Supposez que l'instrution amène la justice à se demander si le poison aurait été administré, non pas d'une façon continue et régulière comme dans la plupart des empoisonnements lents, mais à des intervalles éloignés, à doses faibles, après l'élimination probable des doses précédentes, de façon à produire un épuisement progressif plutôt qu'une action aiguë sur les organes, ne pensez-vous pas que ce procédé habilement pratiqué aurait été de nature à ne laisser aucune trace ?

Réponse : Je penserais même volontiers que dans ce cas-là on trouverait plus sûrement des lésions.

Un empoisonnement lent doit être prouvé aussi facilement qu'un autre et peut-être mieux.

Demande : Si vous pensez que même de faibles doses administrées à de longs intervalles auraient dû produire des lésions, comment expliquer que l'arsenic dont la présence a été établie d'une façon indiscutable n'ait pas produit de lésions dans les organes où il a été retrouvé ?

Réponse : C'est que le poison aurait été ingéré en trop petite quantité pour produire un effet.

Demande : Quelle conséquence croyez-vous devoir tirer de cette circonstance que l'arsenic a été trouvé en quantité infinitésimale dans l'estomac et un peu plus forte dans les intestins et le foie ?

Réponse : Les traces provenant de l'estomac ont été si faibles qu'elles ne me paraissent même pas décisives.

La découverte d'une quantité notable dans l'estomac aurait pu être une preuve d'un empoisonnement aigu et récent. Mais l'intestin étant un organe d'élimination et le foie étant un organe dans lequel l'arsenic se localise, on ne peut préciser la date à laquelle le poison les aurait pénétrés.

3° Proportion infiniment faible de poison

Demande : A quelle dose l'arsenic est-il toxique ?

Réponse : Il est impossible de répondre à cette question, l'effet de l'arsenic dépend de l'état des individus qui le prennent.

Si vous le donnez à trop petite dose à la fois, il ne produit pas d'effet et l'individu peut s'y habituer.

Ce qui est certain, c'est qu'on pourrait prendre impunément une quantité d'arsenic bien supérieure à celle trouvée par l'analyse.

Demande : Admettez-vous, comme certains auteurs le soutiennent, que la durée de l'élimination de l'arsenic ne dépasse pas quarante jours, de telle sorte que si la malade ne succombe que plus tard, il peut ne rester aucune trace de poison, ce qui fait dire à ces auteurs que par cela seul qu'on n'aura pas obtenu de poison, il ne faudra pas conclure qu'il n'y a pas eu empoisonnement ?

A plus forte raison, ajouterons-nous s'il existe encore quelques traces de poison ?

Réponse : Il est impossible de déterminer avec certitude la durée extrême de l'élimination. Elle dépend de l'individu, de la quantité ingérée, du mode d'ingestion ; mais on peut citer des cas dans lesquels l'élimination s'est produite après un temps beaucoup plus long ; j'en ai indiqué un dans mon rapport et je pourrais citer d'autres exemples.

DEMANDE : La quantité trouvée par l'analyse est selon vous d'un milligramme.

Prétendez-vous que cette quantité soit égale à celle que Mme Danval aurait ingérée ? ou, en d'autres termes, n'admettez-vous pas qu'une certaine fraction aura disparu par suite de l'élimination naturelle et accidentelle et que cette élimination aura été d'autant plus considérable que les évacuations auront été plus abondantes ?

Or, il faut que vous sachiez que, dans les derniers jours, Mme Danval n'a pas cessé d'avoir de la diarrhée et des vomissements et que suivant l'expression d'un témoin : « elle baignait dans ses déjections ».

RÉPONSE : Il est évident qu'une certaine partie a dû disparaître ; mais, de ce que les évacuations ont été abondantes, il n'en faudrait pas conclure que tout ait été emporté.

En cas d'empoisonnement aigu, il arrive souvent que l'estomac rejette immédiatement la plus grande partie du poison ; mais, lorsque l'empoisonnement est lent et pratiqué à petites doses, l'absorption se fait plus complètement et, une fois que l'arsenic est localisé dans les organes, l'élimination ne se fait plus rapidement et les vomissements ne sont plus que des accidents consécutifs.

DEMANDE : Puisqu'il est évident qu'une certaine proportion a dû être éliminée, comment pourrait-on affirmer que la quantité ingérée dans le principe aurait été insuffisante pour produire des accidents toxiques ?

RÉPONSE : Si la quantité avait été assez forte, on aurait constaté des symptômes plus complets et il y aurait eu des lésions.

4° POSSIBILITÉ D'UNE INGESTION ACCIDENTELLE

DEMANDE : Nous lisons dans votre mémoire que la présence de l'arsenic en petite proportion peut être due à des causes accidentelles.

La Justice dont le devoir était d'examiner toutes les hypothèses, aussi bien celles de l'accident que celles du suicide ou du crime, a demandé à Danval et aux médecins la liste des médicaments de toute nature administrés à Mme Danval et a chargé les experts de les analyser, ainsi que les substances alimentaires dont elle faisait usage et jusqu'au papier de la chambre.

Or, il n'a été nullement trouvé, nulle part, aucune trace d'arsenic.

Ce n'est donc pas par de vagues conjectures qui rendraient impossible une démonstration et qui permettraient de rejeter sur un accident hypothétique tout empoisonnement par l'arsenic que l'expertise peut être combattue.

Les recherches minutieuses qui ont été faites

mettent Danval dans la nécessité d'indiquer la substance qui aurait échappé à notre attention et qui pourrait contenir de l'arsenic.

Réponse : J'ai pensé que, si madame Danval avait pris du bismuth qui contient presque toujours de l'arsenic, il y avait là une cause d'erreur à signaler à la Justice.

Pour le reste c'est à Danval à fournir ses explications.

Paris, le 22 décembre 1877.

Signé : J. Bouis
Guillot

RÉPONSE

AU

Mémoire de M. Bouis

Nous soussignés, Georges Bergeron et Emile Delens, Docteurs en médecine, agrégés à la Faculté de Paris, conformément à l'ordonnance de M. Guillot, Juge d'instruction, serment préalablement prêté, avons pris connaissance du mémoire déposé par M. Bouis, Professeur de Toxicologie à l'Ecole de Pharmacie, relativement à l'affaire Danval, à l'effet de répondre aux objections qui y sont contenues.

Ainsi qu'il le mentionne, au commencement de son travail, M. Bouis a eu communication des pièces suivantes :

1e Le rapport d'autopsie de la dame Danval du 22 septembre 1877 ;

2e Le rapport concernant l'examen chimique des viscères en date du 13 novembre 1877 ;

3e Le rapport médical en date du 9 novembre concluant que la mort de Mme Danval est due à l'ingestion de préparations arsénicales.

M. Bouis était chargé de répéter avec M. L'Hôte,

commis avec nous lors des premières expertises, les analyses nécessaires pour extraire de nouveau des viscères, l'arsenic dont nous avions constaté la présence et pour s'assurer qu'il s'agissait bien d'arsenic et non d'une autre substance. Il devait en outre s'expliquer sur la présence ou l'absence de l'*arsenic dit normal* dans les tissus.

Dans la première partie du Mémoire que nous a remis M. le Juge d'Instruction, nous trouvons en effet la relation des analyses nouvelles qui ont été effectuées et la réponse à la question relative à l'arsenic dit normal.

Dans une seconde partie, M. Bouis se fondant, à la fois sur les résultats qu'il a obtenus et sur les considérations émises par nous dans notre rapport du 9 novembre pour motiver nos conclusions sur les causes de la mort de Mme Danval, a conclu dans un sens opposé au nôtre et affirmé que Mme Danval n'est pas morte empoisonnée par l'arsenic.

Nous avons donc à examiner, d'une part, les résultats des analyses nouvelles entreprises par M. Bouis, d'autre part à répondre aux objections qu'il oppose à nos premières conclusions. Nous suivrons l'ordre adopté par M. Bouis lui-même.

I. — Examen des analyses nouvelles

Dans la nouvelle série d'analyses qui a été entreprise, MM. Bouis et L'Hôte ont procédé par une méthode autre que celle qui avait servi dans les premières constatations.

Ils ont employé l'acide chlorhydrique et le chlorate de potasse pour détruire la matière organique, au lieu de l'acide sulfurique dont s'était servi M. L'Hôte. Il pouvait, en effet, y avoir quelque avantage à varier les moyens de recherche du toxique et nous n'avons aucune objection à faire sur ce point.

M. Bouis a pensé, en outre, qu'il était utile de rechercher l'arsenic en agissant séparément : 1e sur le foie ; 2e sur l'estomac ; 3e sur les intestins. Nous pensons aussi que cette manière de procéder, difficilement applicable dans les premières analyses alors que nous n'avions aucune donnée sur la nature du toxique contenu dans les viscères, peut permettre d'arriver à des notions plus précises sur les circonstances dans lesquelles s'est faite l'ingestion de l'arsenic, et nous dirons immédiatement que les analyses nouvelles opérées par M. Bouis ont eu pour résultat d'établir d'une manière incontestable que l'introduction de l'arsenic a bien *eu lieu pendant la vie*, qu'il a été réellement absorbé et que sa présence dans les viscères ne saurait dans aucun cas s'expliquer par une introduction accidentelle après la mort.

Les nouvelles analyses font donc plus que confirmer les premières ; elles les complètent et leur donnent une portée plus grande.

Mais nous avons quelques observations à présenter sur le détail des opérations.

Recherche de l'arsenic contenu dans le foie. — La quantité du foie employée à cette recherche n'a été que de 100 grammes, alors qu'il restait plus de 500 grammes de ce viscère. Cette quantité est évidemment beancoup trop faible et M. Bouis aurait dû employer tout ce qui restait du foie, comme il a employé tout ce qui restait de l'estomac. Quelque sensible que soit l'appareil de Marsh, les opérations pour détruire la matière organique entraînant toujours des pertes, il n'était pas prudent d'agir sur un poids aussi peu considérable du foie, alors qu'il était déjà établi par les analyses précédentes que la proportion d'arsenic était minime, bien qu'on eut agi sur des quantités beaucoup plus fortes (1).

Malgré les conditions défavorables dans lesquelles

(1) *Journal des Connaissances Médicales,* 1878, p. 278. Ce sera un des côtés les plus curieux de cette affaire déjà si fertile en enseignements de toute sorte, que de voir MM. Bergeron et Delens s'essayer à donner des leçons à un homme si profondément versé dans l'analyse chimique, à un toxicologiste dont les avis sont si prisés par les hommes du métier, à un essayeur des monnaies, au chimiste de l'Académie de Médecine. Il y a là un véritable renversement des rôles. MM. Bergeron et Delens pensaient donc qu'ils ne seraient lus que par des personnes ne connaissant même pas de réputation M. Bouis et ses travaux ?

s'est faite cette nouvelle recherche de l'arsenic dans le foie, l'appareil de Marsh a fourni des taches donnant les réactions de l'arsenic et M. Bouis a conclu que « la présence de l'arsenic a été constatée en proportion excessivement faible dans le foie ».

Pour apprécier sainement la valeur de cette conclusion, il faut, nous le répétons, tenir compte de la faible quantité de foie qui a servi aux recherches.

Recherche de l'arsenic dans l'estomac. — Il ne restait que 49 grammes de ce viscère. Ils ont été épuisés par l'analyse.

Si nous nous en rapportons exclusivement aux termes mêmes du rapport de M. Bouis, cette analyse n'aurait donné « que des taches noires infinitésimales contenant un peu de matière organique ». Il n'est pas dit si les réactions habituelles ont été essayées sur ces taches et si elles ont fourni ou non des résultats positifs. De la lecture attentive de cette partie du rapport qui offre quelque obscurité, il résulterait cependant que ces taches noires n'étaient pas exclusivement formées par de la matière organique et qu'elles ont présenté aussi les caractères des taches arsénicales, car nous lisons quelques lignes plus loin : « Si donc il y avait « de l'arsenic dans l'estomac, ce n'était qu'en « proportion infinitésimale et sa présence pourrait « même s'expliquer par le contact des instruments

« ou des mains ayant touché préalablement le « foie pendant l'autopsie. Ainsi la présence dans « l'estomac, de l'arsenic, même en quantité infini- « tésimale, est douteuse ».

Ce passage que nous avons reproduit textuellement renferme, à la fois, une contradiction et une hypothèse qu'il nous est facile de réfuter.

La contradiction résulte de ce fait que si les taches noires obtenues ne contenaient qu'*un peu de matière organique*, l'absence de l'arsenic était démontrée et qu'il n'y avait pas lieu de considérer même comme douteuse sa présence en quantité infinitésimale.

L'hypothèse consiste à attribuer « au contact « des instruments ou des mains ayant touché préa- « lablement le foie pendant l'autopsie », ces traces infinitésimales d'arsenic.

Nous pouvons, en effet, affirmer de la manière la plus formelle que, pendant l'autopsie, nous n'avons touché avec les mains ni le foie ni l'estomac.

Nous avions enlevé d'abord l'estomac après l'avoir lié à ses deux extrémités, et nous l'avons saisi seulement avec des pinces et détaché avec des ciseaux pour le déposer dans un bocal. Ce n'est qu'en dernier lieu que nous avons enlevé le foie.

Comment, en outre, supposer que le contact du foie eut pu déposer sur les instruments une portion quelque faible qu'on la suppose d'arsenic, alors qu'il n'y en a que cette « portion excessivement faible » admise par M. Bouis, disséminée dans toute la masse du foie ? Les médecins et les anatomistes savent, en outre, que le foie est recouvert non seulement par le péritoine mais par une enveloppe fibreuse propre, et que, si les liquides qui l'imprègnent peuvent passer dans l'estomac, c'est par d'autres voies que celles auxquelles il vient d'être fait allusion (1).

Mais nous tenons à établir que si la lecture de cette partie du mémoire que nous examinons laisse des doutes sur la réalité même de la constatation des traces d'arsenic dans l'estomac, le rapport plus précis de M. L'Hôte qui a assisté aux expériences, ne les laisse pas subsister. Les taches, très faibles il est vrai, qui ont été obtenues sur une soucoupe, *ont présenté, avec le nitrate d'argent, la coloration rouge qui caractérise l'arsenic*, et, s'il s'est produit ensuite une coloration noire, cette coloration s'explique par les conditions dans lesquelles la réaction a été effectuée et sur lesquelles nous laissons à notre collègue le soin d'insister.

Nous pensons donc que la présence dans l'estomac de traces d'arsenic, résulte suffisamment des recherches précédentes. Dans tous les cas nous avons lieu de nous étonner que M. Bouis qui a cherché à expliquer ces traces, pour lui douteuses, d'arsenic

---

(1) M. Bouis pensait que les experts avaient ouvert le foie pour se rendre compte de son état.

par le contact hypothétique des mains et des instruments pendant l'autopsie, ait plus loin, dans le résumé de ses recherches chimiques qui forment comme la conclusion de la première partie de son rapport, écrit cette phrase : « Quoiqu'il en soit, la « quantité très faible d'arsenic trouvée dans le « foie et dans les intestins et son absence *dans* « *l'estomac, etc.* »

Pour être logique, il fallait dire au moins : « Son existence douteuse dans l'estomac ».

Il importait de signaler cette contradiction.

Recherche de l'arsenic dans les intestins. — Deux cents grammes d'intestins ont été consacrés à cette analyse et le résultat a été la constatation de l'existence de l'arsenic dans cette partie du tube digestif.

Nous devons ajouter que si l'existence de l'arsenic y a été constatée, il n'a pas été possible d'y retrouver la moindre trace de bismuth, bien que les recherches aient été poussées dans ce sens. Cette remarque, *qui n'a pas été faite dans le rapport que nous examinons*, a bien son importance, puisque, comme nous le verrons plus loin, M. Bouis suppose que l'arsenic a pu être introduit dans le corps de Mme Danval par suite de l'administration de sous-azotate de bismuth qui en aurait contenu (1).

(1) Il n'a jamais été démontré par personne que le bismuth se comportait comme l'arsenic au point de vue de l'absorption et de l'élimination.

Evaluation des quantités d'arsenic retrouvées par l'analyse. — La présence de l'arsenic dans le foie et dans les intestins étant admise par notre honorable contradicteur, il a cherché à évaluer en quelle quantité ce toxique se trouve contenu dans le corps de Mme Danval.

Cette évaluation est toujours délicate. Nous ignorons quelle marche a été suivie pour y arriver ; nous ne savons pas quels calculs ont été faits et sur quels chiffres ils reposent. En l'absence de ces données qu'il eut été pourtant intéressant de connaître, nous devons nous contenter de reproduire, avec quelques réflexions, le passage du rapport qui contient cette évaluation :

« Nous évaluons par comparaison la proportion « d'arsenic que nous avons obtenue à une fraction « de milligramme et celle contenue dans tout le « corps à environ un milligramme, proportion « bien plus faible que celle contenue dans un « verre d'eau de la Bourboule par exemple ».

La fraction indéterminée de milligrammes dont il est parlé ici, et que nous aurions voulu voir préciser, car le mot fraction peut s'entendre aussi bien d'un quart que de la centième ou de la millième partie, s'applique-t-elle à la quantité d'arsenic isolée dans la série d'analyses pratiquées par M. Bouis ou à la totalité de l'arsenic extrait, en y comprenant les analyses précédentes ? C'est ce que n'indique pas le rapport.

S'il s'agit seulement de l'arsenic isolé dans les dernières analyses, et nous avons quelque raison de supposer qu'il en est ainsi, nous rappellerons que les expériences ont porté sur un poids évidemment insuffisant du foie (100 grammes) et que dans les premières analyses, il avait été obtenu des taches nombreuses et un anneau arsenical, qui d'ailleurs ont été conservés.

En prenant les chiffres cités plus loin par M. Bouis et empruntés aux recherches d'un élève de M. A. Gautier, nous voyons que, si 100 parties de foie en renferment 10 d'arsenic, le cerveau en renferme 36 et la moëlle 37. Les muscles, il est vrai, n'en renferment qu'une partie (toujours pour 100 parties), mais le poids des muscles du corps est considérable. En tenant pour exacts ces chiffres, en prenant le poids moyen du corps, celui de la masse des muscles (1) et celui des principaux viscères, on aurait les éléments d'un calcul approximatif. M. Bouis a-t-il fait ce calcul ? *c'est ce que nous ignorons ;* mais, à moins que la fraction de milligramme dont il parle soit elle-même infinitésimale, nous ne comprenons pas qu'il soit arrivé seulement au chiffre d'un milligramme pour la masse totale du corps. Il y a certainement une erreur dans cette

---

(1) L'analyse des muscles a été faite plus tard à ma demande et a donné un résultat négatif. V. p. 112.

évaluation. Mais comme nous croyons que, dans ce cas particulier, la question de quantité n'a pas l'importance qu'elle aurait s'il s'agissait d'un empoisonnement aigu, nous tenons seulement à constater que sur la question de fait, à savoir l'existence de l'arsenic dans le corps de Mme Danval, M. Bouis considère que les résultats auxquels il est arrivé concordent avec ceux que nous avions obtenus.

Nous sommes heureux de nous trouver également d'accord avec lui sur la question de la non-existence de l'arsenic, à l'état normal dans nos tissus.

Recherche de l'arsenic dans les médicaments. — Il nous reste, pour en avoir fini avec la partie chimique du rapport, à examiner les objections qu'il contient relativement à la présence de l'arsenic dans certains médicaments qui ont pu être administrés à Mme Danval.

Les recherches consignées dans le rapport chimique du 13 novembre que nous avons signé avec M. L'Hôte prouvent que cette question nous avait déjà occupés.

Ces recherches ont toutes donné un résultat négatif.

Si nous n'avons pas fait analyser d'échantillon de sirop de glucose qui a été signalé comme contenant quelquefois des traces d'arsenic, c'est parce qu'il nous a été affirmé par M. Danval lui-même que jamais il n'en avait fait usage dans sa pharmacie.

Pour ce qui concerne le sous-azotate de bismuth nous devons dire qu'à l'époque où on a commencé à l'employer largement en médecine, on a signalé, en effet, quelques cas où par suite de la présence d'une certaine quantité d'arsenic, il aurait déterminé des accidents. Des empoisonnements ont même eu lieu, en Angleterre du moins, à la suite de l'administration de cette substance. Mais soutenir, comme le fait M. Bouis, que le sous-nitrate de bismuth est « *le plus souvent arsenical* » est une exagération évidente. Nous pensons que M. Bouis avait été mieux inspiré lorsqu'il avait écrit au premier moment : « quelquefois arsenical » expression à laquelle il a cru devoir substituer celle de « le plus souvent arsenical » qu'il a, après une rature, définitivement adoptée (1).

Il cite les analyses de M. Ritter, de Nancy, qui

---

(1) *Le Journal des connaissances médicales.* 1878. P. 292 fait remarquer que plusieurs observations d'empoisonnement par le sous-nitrate de bismuth arsénical ont été publiées, une entre autres par M. Hébert pharmacien en chef de l'Hôpital des Cliniques. Tous les accidents qui peuvent se produire ne sont au reste, ajoute-t-il, pas recueillis. Nous n'insistons pas, cette discussion devenant oiseuse, depuis la découverte, dans les rideaux de Mme Danval, d'une proportion considérable d'un composé arsénical.

a trouvé jusqu'à 0,4 % d'arsenic dans des échantillons « *du commerce* ». Nous demandons si ces échantillons ont jamais été destinés à l'usage pharmaceutique. Quant à l'opinion des médecins qui prétendent que ce sel n'agit que par l'arsenic qu'il renferme, nous avouons qu'elle aurait besoin d'être étayée par des faits nombreux et soutenue par des noms ayant une autorité en médecine, pour être sérieusement acceptée.

Mais, pour sortir des généralités et répondre à une objection plus réelle, relative au faible poids (1 gramme) de sous-nitrate de bismuth analysé dans la première série de nos recherches, nous dirons que, dans l'impossibilité d'analyser un échantillon du sous-nitrate de bismuth dont a fait usage Mme Danval, il est du moins possible d'analyser une série d'échantillons provenant de différentes pharmacies pour reconnaître si réellement ce produit est « le plus souvent » arsenical. Par ce moyen, la question se trouvera tranchée autant qu'elle est susceptible de l'être.

En résumé, nous ne voyons aucune divergence notable dans les résultats obtenus par les analyses nouvelles faites par M. Bouis et celles qui avaient été exécutées par M. L'Hôte et dont nous avions assumé la responsabilité.

L'existence de l'arsenic, question de quantité à part, est de nouveau affirmée. Il est prouvé de plus que cet arsenic a été ingéré pendant la vie et absorbé.

Quant à la question de l'origine du produit arsenical ingéré, elle reste dans le même état qu'avant ces dernières expériences, puisque le sous-nitrate de bismuth que l'on incrimine a été recherché dans l'intestin et n'y a pas été retrouvé.

II. Examen des objections a la partie médicale de notre rapport.

L'argumentation de M. Bouis, dans la seconde partie de son mémoire porte sur trois points :

1e La localisation et l'élimination de l'arsenic ;

2e Les symptômes qui caractérisent l'action de ce poison ;

3e Les lésions qu'il détermine dans les organes.

Sur ces trois points, nous nous serions également trompés. C'est ce que nous allons examiner en reprenant les arguments qui nous sont opposés.

Localisation et élimination de l'arsenic. — Tout d'abord M. Bouis prétend relever une erreur grossière que nous aurions commise en niant la localisation de l'arsenic et il cite le passage suivant du rapport chimique de 13 novembre :

« L'arsenic introduit dans l'organisme n'a pas « comme le cuivre et peut être d'autres poisons, « la propriété de *se localiser et de rester* dans cer-

« tains organes, en proportion infinitésimale il « est vrai etc. ».

Suivant lui, nous refuserions à l'arsenic la propriété de se localiser et nous serions en contradiction, sur ce point, avec tout ce qui est connu depuis 40 ans. Mais notre honorable contradicteur n'a pu arriver à nous prêter une semblable opinion, qui n'a jamais été la nôtre, qu'en séparant l'un de l'autre les deux termes d'une expression, qui étaient indissolubles dans notre pensée, comme ils le sont dans le texte du rapport. Nous n'avons pas dit : « l'arsenic n'a pas la propriété de se *localiser* » Nous avons écrit : « l'arsenic n'a pas la propriété de se *localiser et* « *de rester* dans certains organes ». En d'autres termes, nous avons fait allusion à la permanence et à la fixation pour un temps indéterminé de certains poisons dans quelques organes. C'est là ce que tout esprit non prévenu comprend par l'expression « la propriété de se localiser et de rester dans certains organes » que nous avons employée. Nous protestons donc contre l'interprétation erronée de ce passage de notre rapport. Nous admettons la *localisation temporaire* de l'arsenic dans les organes, mais nous ne croyons pas à sa fixation pour une durée illimitée. En cela nous sommes d'accord avec tous les auteurs.

Il semble du reste que M. Bouis ait bien senti la faiblesse de son argument, car un peu plus loin, il s'exprime ainsi : « Nous ne pouvons nous

« expliquer cette erreur des experts qu'en suppo-
« sant qu'ils n'attribuent pas au mot *localisation* le
« sens qui est généralement admis ».

En ne séparant pas l'une de l'autre, les deux expressions que nous avions réunies, M. Bouis se fût épargné la peine de cette demi rectification (1).

Sur la question de la durée de l'élimination de l'arsenic, nous sommes aussi en désaccord. Nous admettons que l'arsenic s'élimine assez rapidement. M. Louis Orfila, qui s'est occupé de cette question,

---

(1) Note recueillie dans le *Journal des Connaissances Médicales*, année 1878. P. 293. Il y a là une véritable querelle de mots ! ou un poison se localise, ou il ne se localise pas ; s'il se localise, il reste ; s'il ne reste pas, il ne se localise pas, puisqu'il ne fait que traverser l'organe où il est supposé devoir se localiser. Il nous semble que cela est logique ? MM. Bergeron et Delens veulent bien faire une concession en admettant la *localisation temporaire*, mais ils ne croient pas à la localisation pour une *durée illimitée.* Il faut décidément que ces honorables experts aient sur la localisation des idées absolument personnelles. La localisation du plus grand nombre des toxiques est toujours temporaire. Combien de poisons connaissent MM. Bergeron et Delens, qui, une fois introduits dans l'économie n'en sortent plus jamais ? Que l'élimination dure plus ou moins longtemps, cela est admis, mais qu'elle ne se fasse pas du tout, cela demande à être prouvé ! Nous dirons plus, dans l'immense majorité des cas, non seulement la localisation est *temporaire,* mais encore elle est *illimitée,* si l'on veut dire par ce dernier mot, que l'on ne connaît pas d'une façon très précise les limites dans lesquelles s'opère l'élimination. En effet, il n'y a pas de règles fixes pour l'élimination

avait adopté, comme moyenne de la durée de cette élimination, environ un mois. M. Chatin, professeur à l'Ecole de Pharmacie et collègue de M. Bouis, l'a réduite à douze ou quinze jours. C'est à peu près le terme adopté par M. Devergie (Médecine légale

---

des poisons, comme semble croire MM. Bergeron et Delens ; chaque individu élimine comme il peut et suivant que ses organes le lui permettent par leur plus ou moins parfaite perméabilité. Les experts oseraient-ils affirmer qu'il n'y a pas d'organes éliminateurs supplémentaires, quand les reins ou le foie sont insuffisants! Lorsque ce cas se présente on voit quelle perturbation est jetée dans les chiffres fixés avec tant d'exactitude voulue et d'imprudence par les Experts.

Nous pensons donc que l'observation de M. Bouis conserve son plein effet, et que ses contradicteurs n'attribuent pas comme il le dit, au mot *localisation* le sens généralement admis. Du reste M. Bouis se défendra bien.

D'autre part, nous comprenons parfaitement que l'on s'appuie sur l'autorité des auteurs, même quand par des études spéciales, on a le droit d'avoir une opinion personnelle, mais il ne faut pas abuser de ce mode d'argumentation qui rappelle certaines scènes du Lutrin. Il ne faut pas se battre à coups de livres ou de citations. Quand on a six mois pour préparer une expertise, on a le droit de faire des expériences et de vérifier les assertions des auteurs ; il y a des faits bien établis dans la science, mais la durée de l'élimination de l'arsenic n'est pas au nombre des questions résolues. C'était là un sujet d'études, qui aurait été très fécond, nous n'en doutons pas, et puis la chose en valait la peine.

3e Edit., (1), p. 500.) : « Or, les expériences sur les « animaux prouvent qu'après ce laps de temps écoulé « (douze, quinze ou vingt jours), l'élimination de « l'arsenic est ordinairement complètement opérée. »

Taylor, qui fait autorité en Angleterre, s'exprime ainsi (*Principles and practice of med. jurisprudence*, 2e Edit. London, 1872, 1 page 253) : « L'arsenic est « un poison qui ne s'accumule pas. Il est déposé « temporairement dans les organes, après l'absorp- « tion; mais il est rapidement éliminé par l'urine et « d'autres secrétions et en deux ou trois semaines, si « l'individu survit, la totalité de l'arsenic peut « avoir disparu de l'économie ».

Husemann, l'auteur allemand le plus complet et le plus récent sur cette matière, expose ainsi la question de l'élimination. (*Handbuch der Toxicologie*, Zweite Haelfte p. 823) :

« D'après Orfila et Geoghegan, l'arsenic absorbé « est complètement éliminé de l'organisme en douze « ou quinze jours. Si cet espace de temps n'est « pas constant, puisqu'il résulte des recherches « de Maclaglan que des traces d'arsenic peuvent « être retrouvées chez un empoisonné, même après « 25 jours et de celles de Flandin et Danger, que « dans un cas, l'élimination était complète au bout « de 3 jours, tandis que dans un autre, elle ne l'a « été qu'au bout de trente-cinq jours, toutes les

(1) Edit. London. 1873. V. p. 253.

« données s'accordent sur ce point *que l'élimination* « *est relativement très rapide.* C'est un fait important en médecine légale que la constatation de « l'arsenic dans le cadavre des empoisonnés qui « ont survécu longtemps sera rendue par là même « impossible ».

Donc, en avançant que l'on ne pourrait : « après « douze ou quinze jours, s'il en existait encore, « déceler *que des traces* d'arsenic, » nous nous sommes conformés à l'opinion admise par les auteurs les plus accrédités.

M. Bouis ne nous a pas cité les noms des auteurs qui prétendent que l'arsenic peut rester « plusieurs « années dans le corps ». Il s'est contenté de rappeler, sans en indiquer l'origine, une observation dans laquelle, chez une jeune fille, on retrouva de l'arsenic dans les urines pendant 50 jours. Nous connaissons cette observation. Elle est du docteur Gaillard (de Parthenay) et se trouve dans les Ann. d'Hyg. et de Méd. légale (1874, T. 42, p. 406). Nous ajouterons qu'il n'est pas tout à fait exact de dire que l'arsenic a été retrouvé pendant 50 jours, car c'est au 42e jour que la dernière constatation de sa présence a eu lieu et une nouvelle recherche faite le 49e jour n'a plus permis d'en retrouver. C'est dans tous les cas, un fait isolé qui n'ôte pas leur valeur aux moyennes généralement adoptées.

Des symptômes de l'empoisonnement par l'arsenic.

Abordant enfin la partie médicale de notre rapport, M. Bouis invoque l'autorité de M. Tardieu pour affirmer qu'un empoisonnement ne peut être prouvé que lorsqu'on trouve réunis : 1e les symptômes observés pendant la vie ; 2e les altérations constatées dans les organes après la mort ; 3e l'existence du poison isolé par l'analyse chimique.

Mais la citation empruntée au savant auteur de l'*Etude Médico-légale sur l'empoisonnement* a été prise dans le chapitre des généralités sur l'empoisonnement ; elle a la netteté dogmatique nécessaire aux études de cette sorte, et nous nous garderons bien de nous élever contre l'utilité des règles ainsi formulées. N'eut-il pas été préférable, cependant, de citer le même auteur quand il s'explique sur la valeur des symptômes ou des lésions que l'on rencontre dans l'empoisonnement *par l'arsenic?*

Pour ne pas nous égarer, nous nous en tiendrons, dans les citations qui vont suivre, exclusivement aux passages des auteurs qui concernent l'action de l'arsenic. La discussion y gagnera en précision.

Mais disons d'abord, que l'empoisonnement auquel a succombé Mme Danval, n'est ni un empoisonnement *aigu*, ni un empoisonnement *lent* proprement dit (1). Il y a eu, comme le prouve

(1) Note prise dans le *Journal des Connaissances Médicales* année 1878. P. 294. — Les experts battent prudemment

la marche des accidents, introduction du poison dans l'organisme à petites doses et à des intervalles variables. Il n'y a jamais eu, évidemment, ingestion de ces doses massives d'arsenic (10, 12 et 15 gr.) que l'on trouve notées dans beaucoup d'observations. Il n'y a pas eu non plus introduction graduelle et continue de petites doses amenant l'intoxication lente. Bien qu'elle ne soit pas sans exemple, la forme d'empoisonnement en présence de laquelle nous nous trouvons est certainement la plus rare.

Nous avons indiqué, dans notre rapport du 9 novembre, sur quels symptômes nous nous fondions pour admettre l'empoisonnement. Ces symptômes nous les avons connus par les dépositions des médecins et des témoins dont M. le Juge d'instruction nous a donné communication. Nous n'en avons omis aucun pouvant avoir une signification précise ou qui fut contradictoire vis-à-vis de ceux que nous avons mentionnés. Nous croyons cette affirmation nécessaire pour répondre à l'insinuation que nous ont paru renfermer les lignes suivantes :

« Dans l'affaire qui nous occupe, nous ne con-
« naissons les symptômes que par le rapport des
« experts qui ont puisé dans les interrogatoires

---

en retraite, abandonnant l'hypothèse d'un empoisonnement lent. Toutefois, il leur faudra la collaboration de M. Gubler pour arriver à baptiser cette nouvelle forme d'empoisonnement, si rare qu'on pourrait l'appeler: « *Varietas Danval.* »

« des médecins appelés à soigner la malade tout ce « qui venait à l'appui de leur manière de voir ».

Nous nous sommes appuyés sur les vomissements, la diarrhée, l'état d'anémie, les sueurs nocturnes, la toux sèche, le dépérissement de Mme Danval. Nous avons tenu compte de la sensation de brûlure à l'estomac, de la sécheresse de la langue et de ce fait que Mme Danval s'était plainte d'avoir une jambe comme paralysée. Nous avons insisté sur l'intégrité de l'intelligence, qui n'a disparu que pendant l'agonie et sur la façon imprévue dont la mort est survenue.

Ces symptômes se rencontrent incontestablement dans l'empoisonnement par les préparations arsenicales.

Mais M. Bouis nous reproche de n'avoir pas retrouvé dans la symptomatologie, toute une série de phénomènes qui, pour lui, auraient une importance véritable dans l'empoisonnement lent par l'arsenic.

Nous répondrons d'abord que, pour nous, Mme Danval n'a pas succombé à un empoisonnement lent proprement dit, mais à une série d'empoisonnements successifs par de faibles doses (1).

Faut-il aussi rappeler ce que disent les auteurs

---

(1) *Journal des Connaissances Médicales*, p. 309. — Si de *faibles doses* ont été suffisantes pour produire des accidents graves tels que diarrhées, vomissements, etc., nous

de la grande diversité des symptômes dans les empoisonnements par l'arsenic ?

Nous lisons dans l'ouvrage de Guy et Ferrier (*Principles of forensic médicine*, 4e Edit. London 1875, p. 469).

« Mais les cas d'empoisonnements par l'arsenic « présentent les plus grandes variétés dans le « caractère, la combinaison et la gravité des symp- « tômes ainsi que des exceptions et des anomalies « extrêmement embarrassantes ».

Quels sont donc les symptômes qui font ici défaut ? Ce sont, d'après M. Bouis qui, cependant n'exige pas la présence de tous ces symptômes à la fois : les saignements de nez, les hémorragies variées, les taches pétéchiales, les éruptions miliaires, les syncopes, les attaques convulsives, les douleurs des jointures, la contracture des doigts et des orteils, les tremblements et les paralysies.

Les éruptions et les accidents nerveux seraient surtout, d'après lui, très fréquents.

Or, nous trouvons dans l'ouvrage de Guy et Ferrier, cité plus haut, un relevé, avec leur ordre de fréquence, de tous les symptômes qui ont été

---

avons le droit de dire qu'il y a eu une série d'empoisonnements *aigus*.

En effet, ce qui fait l'*acuité* des empoisonnements, ce n'est pas la dose employée, qui peut être minime, mais bien la gravité des symptômes observés.

constatés dans 25 observations d'empoisonnement par l'arsenic (V. p. 470).

Voici les chiffres qui nous sont fournis par ce relevé pour les troubles du tube digestif.

Vomissements notés .... (une fois ont ils été provoqués)	23 fois
Diarrhée.	11 fois
Douleur (au creux de l'estomac, etc)..	19 fois
Sécheresse, constriction, chaleur et tension de la langue et de la gorge.....	9 fois
Soif (1).	15 fois

On voit combien est grande leur fréquence et c'est sur eux principalement que nous nous sommes appuyés.

Si nous passons maintenant aux symptômes auxquels M. Bouis fait allusion, nous trouvons :

Saignements de nez	non mentionnés
Sang dans les vomissements ...	3 fois
Sang dans les selles	3 fois

(1) *Journal des Connaissances Médicales*, 1878, P. 310. Ces symptômes s'appliqueraient aussi bien à tout autre médicament ou poison que l'arsenic pouvant produire une action locale suffisamment énergique sur le tube digestif ; le sulfate de zinc est dans ce cas. Pour ce qui regarde les taches pétéchiales, il n'y a pas besoin d'invoquer l'autorité (?) de MM. Guyet Ferrier, une visite à Saint-Louis où des expériences auraient eu plus de poids.

Taches pétéchiales	3 fois
Eruption eczémateuse........	1 fois
Syncopes.	non mentionnées
Attaques convulsives	6 fois
Douleurs des jointures	non mentionnées
Contracture des doigts et des orteils.....................	non mentionnés
Tremblements.	non mentionnés
Paralysie de la langue et du pharynx)	3 fois

Ces chiffres n'ont sans doute rien d'absolu, mais ils démontrent, du moins que les phénomènes, en question sont infiniment moins constants que les précédents.

Ajoutons que dans ce même relevé, les sueurs froides sont signalées 4 fois, les douleurs de tête 9 fois, les palpitations violentes deux fois et que ces deux derniers signes se trouvent indiqués dans les dépositions des témoins qui ont été entendus depuis l'époque où nous avons rédigé notre premier rapport. Nous lisons même dans une des dépositions que Mme Danval s'est plainte que dans une des atteintes de son mal « ses membres se retournaient » ce qui nous autorise à penser qu'elle a présenté des phénomènes convulsifs.

Si tous les symptômes de l'empoisonnement par l'arsenic ne se trouvent pas réunis, et l'on ne peut raisonnablement exiger qu'il en soit ainsi, nous demandons si parmi ceux qui ont été cités, il s'en trouve *un seul* qui ne fasse partie du cortège habituel des symptômes de l'intoxication arsenicale.

Nous demandons aussi quelles sont les nombreuses maladies auxquelles fait allusion M. Bouis dans lesquelles on trouve réunis : « les vomissements, les diarrhées, les sueurs nocturnes, la sécheresse de la langue ».

Des lésions dans l'empoisonnement par l'arsenic. — L'absence de lésions est évidemment le principal argument qu'on nous objecte et de la lecture du chapitre consacré au développement de cette idée que l'empoisonnement arsénical ne peut être admis que s'il y a des lésions du tube digestif, il semblerait résulter que l'accord des auteurs compétents est unanime sur ce point.

Nous pouvons heureusement répondre que ces derniers, au contraire, conviennent généralement que les lésions peuvent manquer dans les cas d'empoisonnement par l'arsenic.

Quelques citations sur ce sujet seront significatives.

Orfila, dans sa *Médecine légale* (3e Edit. III, p. 167) commence ainsi le paragraphe consacré à la description des lésions :

« S'il est vrai que l'acide arsénieux introduit « dans l'estomac détermine le plus souvent l'inflam« mation des membranes qui composent le canal « digestif et notamment de la tunique muqueuse, « il n'en est pas moins avéré, que dans certains

« cas, on n'observe point d'altérations. Et Muller « et Chaussier rapportent des faits de ce genre. « Le Docteur Missa de Soissons n'a pu découvrir « aucune inflammation, aucune rougeur, aucune « altération de texture dans le cadavre d'un indi- « vidu qui avait avalé trois gros d'acide arsénieux « en poudre et qui était mort neuf heures « après l'ingestion de la substance vénéneuse ».

M. Devergie (*Médecine légale*, T. III, p. 510) s'exprime de la manière suivante sur les lésions qui nous occupent :

« Rien de plus variable que ces diverses altéra- « tions ; dans certains cas elles manquent entière- « ment ; dans d'autres circonstances, elles sont à « peine prononcées, en sorte qu'il ne faudrait pas « conclure de leur absence que le poison a été « introduit après la mort ».

Dans un autre passage (p. 533) à propos du cas de la fille Membielle, qui s'est empoisonnée avec une énorme quantité d'arsenic :

« A l'ouverture du corps à peine a-t-on signalé « l'existence d'altérations morbides. On peut donc « regarder comme un fait acquis à la science qu'un « empoisonnement par l'acide arsénieux peut avoir « lieu sans qu'il se manifeste une série de symp- « tômes qui, tout d'abord, éveillent l'attention « et sans qu'il reste d'altérations d'organes capa- « bles de faire supposer un pareil empoisonne- « ment ».

M. Tardieu (*de l'empoisonnement*, 2e Ed. 1875, p. 364), commence par cette phrase significative la description des lésions anatomiques de l'empoisonnement par l'arsenic :

« Les lésions anatomiques que je vais décrire ne « sont ni constantes, ni spécifiques ».

Et quelques pages auparavant (p. 346) dans les généralités sur les poisons hyposténisants, *dont l'arsenic est le type*, il avait dit :

« Les lésions sont quelquefois nulles, même lorsque les accidents ont été le plus intenses ».

Dans la série d'observations d'empoisonnement par l'arsenic qui accompagne l'étude faite par le même auteur, nous trouvons entre autres, l'observation XVII p. 433 ayant pour titre : « Empoisonnement lent... Mort », dans laquelle nous relevons ce passage :

« L'estomac est distendu par des gaz ; il ne présente ni érosion ni eschares.Il n'y a pas de lésion des intestins ».

Enfin un ouvrage classique, celui de Briand et Chaudé, dont M. Bouis ne récusera pas l'autorité, puisqu'il a collaboré à la dernière édition pour la partie chimique, nous fournit la meilleure réponse que nous puissions souhaiter :

« Mais ces diverses lésions de l'estomac n'étant « point constantes, leur absence et l'intégrité appa- « rente de la muqueuse gastrique ne suffiraient pas

« pour conclure qu'il n'y a pas eu empoisonnement (9e Ed. 1874, p. 473). »

Nous pourrions nous dispenser aussi de répondre à M. Bouis, quand il nous demande de faire au moins la preuve des lésions d'un autre ordre, telles que la destruction des globules sanguins, les altérations des fibres musculaires, celles que l'on rencontre dans les canalicules nerveux, dans les profondeurs des glandes, dans les cellules des épithéliums.

Quel est le médecin qui oserait faire une pareille demande, *lorsqu'il s'agit d'une autopsie faite après treize jours d'inhumation !*

L'objection relative à la non constatation de la stéatose ou dégénérescence graisseuse du foie n'a pas plus de valeur. Pour prouver la stéatose de cet organe avec quelque certitude, il faut un examen microscopique qui ne peut être convenablement pratiqué que dans les 24 ou 48 heures qui suivent la mort (1).

C'est pour cela que nous n'avons pas fait allusion à la stéatose du foie, à laquelle d'ailleurs, en raison de la longue durée de la maladie (2) de Mme

(1) M. le Dr Cornil comme on le verra plus loin dans sa déposition a fait justice de ces affirmations.

(2) Si Mme Danval a été longtemps malade à la suite, sans doute, d'intoxications... répétées... nous retombons donc sur l'empoisonnement lent.

Danval, il n'y avait pas lieu d'attacher la même importance que si la mort était survenue à la suite d'accidents rapides, la surprenant au milieu d'un état florissant de santé.

Nous devons encore réfuter une autre objection.

Nous avons signalé dans notre rapport d'autopsie, L'ÉTAT DE CONSERVATION REMARQUABLE DES VISCÈRES DE LA CAVITÉ ABDOMINALE ET DE LA CAVITÉ THORACIQUE. Nous avons noté que les téguments des parois de la poitrine et ceux de l'abdomen avaient conservé leur coloration naturelle. Il était impossible de n'être pas frappé de ce fait et de l'opposition qui existait entre l'état de ces parties et celui des membres, du cou et de la face, qui étaient verdâtres, infiltrés de gaz, en pleine décomposition et dont l'épiderme s'arrachait par lambeaux.

Les auteurs attachent, avec raison, une certaine importance à cet état de conservation dans l'empoisonnement par les préparations arsenicales.

M. Bouis en conteste l'importance et allègue « que cela n'a rien d'extraordinaire, puisque « l'autopsie a été pratiquée 12 jours seulement « après la mort. »

Nous répondrons d'abord qu'il y avait *treize jours révolus* au moment de l'exhumation, Mme Danval étant morte le 8 au matin, et que nous étions alors au mois de septembre. Or il n'est pas besoin d'avoir beaucoup fréquenté les amphithéâtres pour savoir avec quelle rapidité la putréfaction se développe dans cette saison. On sait également que les premiers signes de la putréfaction se montrent habituellement sur les parois de l'abdomen qui verdissent. Sur le cadavre de Mme Danval, cette partie des téguments était au contraire avec les téguments de la poitrine, *la seule* qui ne présentât pas la coloration verdâtre treize jours après la mort. Il était assurément légitime de noter ce fait et de lui attribuer quelque signification.

Comment expliquer d'ailleurs, que M. Bouis, qui a lui-même retiré de l'arsenic des viscères de Mme Danval, conteste la valeur de cet état de conservation des parties avec lesquelles cette substance se trouvait en contact ?

L'arsenic n'est-il donc pas un des meilleurs agents pour conserver les tissus et n'est-il pas tous les jours employé pour la préservation des pièces anatomiques ? Pourquoi, dans ce cas particulier, aurait-il perdu ses propriétés les mieux établies ?

Nous devions relever cette contradiction du mémoire.

Dans le résumé qui termine le travail de M. Bouis, la première objection formulée sous forme de conclusion est relative à l'insuffisance des symptômes invoqués par nous pour conclure à l'empoisonnement par l'arsenic. Nous nous sommes plus haut, suffisamment expliqués sur ce point.

Mais il est dit, en outre, que ces symptômes peuvent appartenir à certaines maladies.

Puisqu'il s'agit de conclusions, nous pensons qu'il était indispensable de nommer au moins une de ces maladies à laquelle aurait succombé Mme Danval.

C'est ce qui n'a pas été fait.

La seconde objection constate l'absence complète de lésions. Nous savons maintenant ce que pensent les auteurs sur ce point.

En dernier lieu, on objecte la proportion « infiniment faible » d'arsenic trouvée dans les organes et son origine peut être, dit-on, expliquée par des causes accidentelles.

Pour ce qui est de la faible quantité retrouvée, bien que nous n'acceptions pas l'évaluation de M. Bouis, nous répondrons avec Taylor :

« Il est à peine besoin de faire remarquer que la « quantité d'arsenic trouvée dans l'estomac ou « dans les autres organes ne peut donner une idée « exacte de la quantité réellement prise par l'indi- « vidu décédé puisque les vomissements, les selles, « aussi bien que l'absorption et l'élimination, peu- « vent avoir fait disparaître une plus ou moins « grande quantité de poison (T. 1, p. 270). »

Quant aux causes accidentelles pouvant expliquer l'introduction de l'arsenic dans l'organisme, ce sont elles, précisément, qu'il s'agissait de déterminer. Nous les avons cherchées sans parvenir à les retrouver. M. Bouis les a cherchées et n'a pas été plus heureux. Nous sommes donc autorisés à dire, jusqu'à preuve du contraire, que cette question doit être résolue par la négative.

Préciser les conditions accidentelles de l'introduction de l'arsenic n'eut pas d'ailleurs été détruire les conclusions de notre premier rapport qui attribuent à l'empoisonnement par l'arsenic la mort de Mme Danval ; c'eût été, au contraire, les confirmer.

Aussi nous persistons dans nos premières conclusions et nous exprimons, en terminant, le regret que M. Bouis qui affirme « que la dame Danval n'est pas morte empoisonnée par l'arsenic » n'ait pu nous indiquer à quelle affection elle a succombé. (1)

Paris, le 28 décembre 1877.

Signé : Georges Bergeron.
Signé : E. Delens.

---

(1) Du même *Journal des Connaissances Médicales.* P. 312. — *In Cauda Venenum !,,,* Comment MM. les experts voudraient-ils que M. Bouis, qui n'a jamais vu Mme Danval, put leur dire à quelle affection elle a succombé, alors que les médecins qui l'ont soigné n'ont pas fait de diagnostic ? Cette prétention n'est pas justifiable. M. Bouis n'avait nullement à se préoccuper des causes de la mort de Mme Danval, il lui suffisait de démontrer que MM. Bergeron et Delens n'avaient pas fait la preuve de son empoisonnement par l'arsenic.

De ce qu'on ignore la cause de la mort de Mme Danval, on n'est pas en droit de conclure que Mme Danval a été empoisonnée.

CONSULTATION

DU

Professeur Gubler

Nous, soussignés, Adolphe Gubler, professeur à la faculté de Paris, Membre de l'Académie de Médecine, médecin de l'hôpital Beaujon; Georges Bergeron et Emile Delens, Docteurs en Médecine, Agrégés à la Faculté de Paris, conformément à l'ordonnance de M. Guillot, Juge d'Instruction, serment préalablement prêté, avons délibéré à l'effet de donner notre avis sur les questions ci-dessous qui nous ont été soumises :

1re QUESTION. — L'empoisonnement par l'arsenic a-t-il des symptômes absolument caractéristiques et tels que si certains d'entre eux ne se sont pas manifestés dans un cas, on ne puisse conclure à un empoisonnement par cette substance ?

RÉPONSE. — Pas plus que toute autre maladie artificielle et spontanée, l'empoisonnement arsenical ne possède de symptômes tellement spéciaux et tellement constants que leur présence ou leur absence permette d'affirmer à coup sûr ou de nier sans réserves l'existence de l'intoxication. Chacun des accidents que l'arsenic est capable de produire peut se retrouver parmi les effets de certaines autres substances nocives. Les vomissements et la diarrhée cholériforme sont des phénomènes communs aux empoisonnements par les matières âcres ; la dégénérescence graisseuse des viscères se retrouve chez les sujets qui ont succombé à l'action du phosphore, du mercure, de l'ammoniaque et même de l'acide sulfurique aussi bien que chez ceux qui sont morts par l'arsenic.

La paralysie arsenicale est identique avec la paralysie saturnine.

Dès lors, le diagnostic de l'empoisonnement par l'arsenic, comme celui des maladies, en général, ne saurait être établi sur un ou deux signes supposés caractéristiques ; il doit reposer sur un ensemble de symptômes concordants, évoluant dans un ordre déterminé. En d'autres termes, il faut tenir compte, à la fois, des diverses manifestations de l'action toxique et de leur enchaînement sérial ; de la marche de l'affection aussi bien que des troubles variés par lesquels elle se traduit.

2e Question. — Lorsqu'il s'est produit, à plusieurs reprises, des vomissements, des diarrhées cholériformes avec sécheresse de la gorge et sensation de brûlure à l'estomac ; — lorsqu'il y a eu en même temps un dépérissement graduel avec toux sèche, sensation d'oppression, sueurs nocturnes, palpitations violentes, sensation de paralysie dans une jambe et mouvements convulsifs des membres ; — est-il nécessaire qu'il y ait eu, en outre, des saignements de nez, des hémorrhagies variées, des taches pétéchiales, des éruptions miliaires, des syncopes, des douleurs des jointures, des contractures des doigts et des orteils, des tremblements, pour qu'on soit autorisé à dire qu'il y a eu les symptômes de l'empoisonnement par l'arsenic ?

RÉPONSE. — Pour fixer son opinion, le médecin, n'attend pas d'avoir constaté la totalité des symptômes classiques, ni, surtout, des symptômes possibles de l'affection qu'il a sous les yeux; car, il sait d'avance que jamais un seul sujet n'a offert la réunion complète des phénomènes morbides inscrits dans le cadre d'une espèce nosologique. L'observateur instruit et sagace se contente d'un groupe symptomatologique pouvu qu'il soit significatif. Son expérience lui a appris à lire le langage elliptique des faits et, dans le tableau morbide, un trait même saillant peut être effacé, sans altérer, à ses yeux la netteté de l'image.

Les lacunes signalées ici n'ont pas une grande importance, parce qu'elles correspondent à des symptômes peu habituels ou même tout-à-fait aléatoires.

Le purpura arsenical manque souvent, dans les empoisonnements les mieux avérés. Il en est de même des paralysies et de leurs conséquences. Les syncopes et les éruptions miliaires sont plutôt l'exception. Quant aux altérations graisseuses du foie et des viscères, elles font quelquefois défaut dans les plus graves intoxications.

En définitive, bien que la phrase symptomatique soit incomplète à quelques égards, les phénomènes observés laissent peu d'obscurité dans l'esprit. Les accidents envisagés dans leur ensemble ont été ceux d'un empoisonnement par des doses médiocres mais réitérées d'arsenic. Et l'intoxication arsenicale acquiert un haut degré de probabilité, pour ne rien dire de plus, si l'on considère que l'autopsie n'a montré aucune cause de mort et que les analyses chimiques ont eu pour résultat constant de démontrer dans les organes l'existence d'une quantité appréciable d'arsenic.

3e Question. — Y a-t-il des cas d'empoisonnement par l'arsenic, dans lesquels les lésions de l'estomac et du tube digestif aient fait défaut, et, l'absence de ces lésions, alors que de l'arsenic a été trouvé en quantité appréciable dans le foie et le tube digestif et que les symptômes précédemment indiqués ont été observés pendant la vie, doit-elle faire conclure qu'il n'y a pas eu empoisonnement par l'arsenic ?

Réponse. — La plupart des auteurs classiques citent des faits bien avérés d'empoisonnement par l'arsenic, dans lesquels l'autopsie n'a pas révélé de lésions de l'estomac et du tube digestif.

Ces lésions, d'ailleurs, sont généralement en

rapport avec la masse du poison arrivant à l'état solide au contact de la muqueuse digestive. Mais la même quantité de poison, soit diluée, soit fractionnée, pourra pénétrer sans effraction au travers de cette membrane et déterminer tous les effets généraux de l'empoisonnement avec leurs dernières conséquences. L'autopsie, dans ce cas, ne révèlera pas de lésions.

L'absence de lésions de l'estomac et du tube digestif, lorsque les symptômes de l'empoisonnement ont été observés pendant la vie et que l'arsenic a été retrouvé par l'analyse chimique, ne peut donc empêcher de conclure à l'empoisonnement par cette substance.

Paris, le 23 janvier, 1878.

Signé : A. Gubler, G. Bergeron, E. Delens

Analyses du papier de tenture et du rideau de lit

Nous, soussignés, Georges Bergeron, Delens et L'Hôte, commis par ordonnance de M. Guillot, juge d'instruction au tribunal de première instance de la Seine, en date du 22 novembre 1877, à l'effet de procéder à l'examen du papier et de l'étoffe saisis au domicile de Danval ;

Serment préalablement prêté, certifions les faits suivants :

Les pièces à conviction sont renfermées dans un paquet portant une pancarte scellée, ainsi conçue :

« Commissariat de police. — Procès-verbal du « 1er décembre 1877. — Scellé n° 3, couvert. — « Affaire Danval. — Empoisonnement. — Deux « fragments de papier tendant la chambre de « Mme Danval, près de la tête du lit et un morceau « des grands rideaux du lit également pris à la « tête du lit. — Rue de Maubeuge, n° 12 ».

Papier de tenture. — Ce papier est à fond gris avec fleurs jaunes et bleues. Par le frottement sur le drap, il abandonne de la poussière colorée, la matière colorante n'étant pas protégée par le vernis.

Nous avons recherché l'arsenic en opérant sur un morceau de sept centimètres sur neuf centimètres. Le papier, découpé en fragments, a été placé dans une petite capsule de porcelaine et arrosé d'acide azotique pur. Le mélange, chauffé à une douce chaleur jusqu'à sec, a été mouillé d'acide sulfurique et chauffé de nouveau. Le résidu carbonisé, additionné d'eau distillée chaude, a été introduit après refroidissement dans l'appareil de Marsh. L'appareil ayant fonctionné pendant une heure, il ne s'est déposé aucune trace arsénicale. *Ce papier ne contient pas d'arsenic.*

Rideau. — Ce rideau est à fond bleu avec fleurs jaunes, vertes et rouges. Nous avons découpé un fragment de 2 centimètres sur 4 centimètres, y compris la doublure.

Cette étoffe a été traitée exactement comme les papiers de tenture pour la recherche de l'arsenic. Le résidu, étendu d'eau et introduit dans l'appareil de Marsh, a laissé déposer sur une soucoupe des taches miroitantes. Ces taches disparaissent lorsqu'elles sont mouillées avec de l'hypochlorite de potasse étendue. Ces taches, traitées par l'acide azotique étendu, se dissolvent. La dissolution, évaporée de nouveau à sec, donne avec le nitrate d'argent la coloration rouge caractéristique de l'*arséniate d'argent.*

CONCLUSIONS. — 1e Nous ne constatons pas dans le papier de traces arsénicales.

2e Il existe dans l'étoffe du rideau une substance donnant la réaction de l'arsenic. Il est indispensable de procéder à de nouvelles recherches pour savoir si cet arsenic proviendrait de vomissements, ou bien s'il proviendrait, au contraire, des matières colorantes elles-mêmes ou du mordant employé à les fixer.

5 décembre 1877.

ANALYSES DES POUMONS, DES MUSCLES ET DU DRAP

Nous, soussignés Georges Bergeron, Delens et L'Hôte, commis par ordonnance de M. Guillot, juge d'instruction au tribunal de la Seine, en date du 25 décembre 1877, à l'effet de procéder à l'analyse des débris cadavériques exhumés le 24 décembre ;

Serment préalablement prêté, certifions les faits suivants :

Nous avons reçu de M. Clément, commissaire de police aux délégations judiciaires, trois bocaux scellés. — Les expériences ont été faites au laboratoire de l'un de nous, au conservatoire des arts et métiers ;

Scellé n° 1 ainsi désigné :

» Commissariat de police. — Délégations judiciaires. — Procès-verbal du 24 décembre 1877. — « Affaire Danval. — Empoisonnement. — Bocal « contenant un poumon de Mme Danval, prélevé « au cimetière du Nord sur les indications de « MM. G. Bergeron, Delens et L'Hôte, experts ».

Ce poumon imprégné de sciure pèse 210 grammes.

Il a été divisé en petits fragments qui ont été placés dans une capsule de porcelaine et mouillés avec cent centimètres cubes d'acide chlorhydrique pur. On a chauffé au bain-marie, puis on a ajouté par petites portions du chlorate de potasse pulvérisé pur. La combustion de la matière organique terminée, nous avons obtenu un liquide jaune clair qui a été filtré. La liqueur filtrée, chauffée au bain-marie pour chasser le chlore, a été introduite après refroidissement dans un appareil de Marsh, fonctionnant à blanc depuis une demi-heure. Il ne s'est déposé aucune tache sur les soucoupes interposées dans la flamme.

Ce poumon ne renferme pas d'arsenic.

Scellé n° 2 ainsi désigné :

« Commissariat, etc. — Bocal contenant partie « des muscles des deux cuisses de Mme Danval, « prélevée au cimetière du Nord sur les indications « de MM. G. Bergeron, Delens et L'Hôte, experts ».

Ces muscles ont une légère teinte rosée. Nous avons opéré sur 246 grammes de muscles préalablement divisés, qui ont été mouillés avec 200 cent. cubes d'acide chlorhydrique pur et traités comme précédemment. Le liquide final introduit dans l'appareil de Marsh n'a donné aucune trace arsénicale.

Ces muscles ne contiennnent pas d'arsenic.

Scellé n° 3 ainsi désigné :

« Commissariat, etc. — Partie du drap taché « de déjections qui recouvrait le cadavre de Mme « Danval, saisie dans son cercueil au cimetière du « Nord ».

Nous avons découpé deux morceaux tachés de 1 décimètre de côté qui ont été placés, après division préalable, dans une soucoupe en porcelaine. On a ajouté une petite quantité d'acide azotique pur, puis on a chauffé avec précaution.

Le résidu mouillé d'acide sulfurique pur a été de nouveau chauffé. Le résidu carbonisé a été additionné d'eau distillée chaude et introduit complètement, après refroidissement, dans l'appareil de Marsh.

Nous n'avons constaté aucune trace arsénicale sur les soucoupes interposées dans la flamme.

CONCLUSIONS. — 1° Nous ne constatons aucune trace appréciable d'arsenic dans des parties de muscles de la cuisse, ni dans un poumon extrait du cadavre, lors de la seconde exhumation.

2° S'il y avait eu absorption de poussières arsénicales par les poumons et si l'intoxication s'en était suivie, on devrait trouver dans le parenchyme du poumon des traces du poison absorbé (1).

3° De la localisation de l'arsenic dans certains organes d'où l'élimination le fait plus ou moins rapidement disparaître, il résulte *que le foie surtout*, le cerveau suivant SCOLOBUSOFF, l'estomac, l'intestin doivent surtout en contenir. Les muscles ne renferment de l'arsenic que lorsque tout l'organisme

(1) Les experts se mettent en contradiction avec la plus élémentaire logique en prétendant que des poussières peuvent s'introduire dans les poumons. S'il en était ainsi, les hommes qui travaillent dans la farine, la chaux, etc., auraient leur poumon dans un joli état. Toutes ces poussières sont arrêtées dans l'arrière-gorge et dirigées dans l'estomac. -- L. D.

en est pour ainsi dire saturé, (1) car, avant les muscles, la peau, les *cheveux même* en retiendraient des quantités notables. (2).

DEUXIÈME EXAMEN DES RIDEAUX DU LIT. EXAMEN DES VÊTEMENTS DE Mme DANVAL.

Nous soussignés, Georges Bergeron, Delens et L'Hôte, commis par ordonnance de M. Guillot, juge d'instruction au tribunal de première instance de la Seine, en date du 25 décembre 1877, à l'effet :

1° D'examiner si les rideaux du lit de Danval ne contiennent pas également de l'arsenic dans leur partie supérieure et aux endroits qui ne sont pas tachés ; 2e D'examiner les taches existant sur les vêtements saisis par procès-verbal du 24 décembre courant ;

Serment préalablement prêté, certifions les faits suivants : nous avons reçu de M. Clément, commissaire de police aux délégations judiciaires, les vêtements saisis.

---

(1) Les experts ont réponse à tout, p. 83, ils reprochent à M. Bouis de n'avoir pas calculé l'arsenic contenu dans les muscles; j'en exige l'analyse, elle est négative, alors ils expliquent que la chose était impossible.

(2) Annotation du même *Journal des Connaissances Médicales*. Ces conclusions renferment des affirmations qu'il serait bon de vérifier par l'expérience ; ce qui sera fait tôt ou tard.

Examen du rideau de lit.

Ce rideau porte une pancarte scellée ainsi conçue :

« Commissariat de police des délégations judi-
« ciaires, procès-verbal du 24 décembre 1877,
« scellé n° 5, affaire Danval. — Empoisonnement. —
« M. Guillot, juge d'instruction. — Morceau de rideau
« pris à la hauteur du fronton de l'armoire à glace,
« du côté de la tête, saisi dans la chambre à coucher
« de l'inculpé. — Rue de Maubeuge, 12 ».

Ce rideau est à fond bleu avec fleurs rouges, jaunes et vertes. Nous avons découpé avec soin les différents éléments colorés et nous avons recherché séparément l'arsenic dans un fragment de tissu bleu, rouge, jaune et vert, en opérant comme il suit :

Le tissu, préalablement divisé et placé dans une capsule de porcelaine, a été arrosé d'acide azotique et chauffé à une douce chaleur. La matière sèche a été mouillée avec de l'acide sulfurique pur et chauffé de nouveau jusqu'à carbonisation. La masse noire, reprise par l'eau bouillante a été introduite complètement dans l'appareil de Marsh, essayé à blanc.

Tous les éléments du rideau ont fourni des taches miroitantes sur les soucoupes interposées dans la flamme ; les taches, traitées successivement par l'acide azotique, l'ammoniaque et enfin le nitrate d'argent, après dessication préalable, ont pris la coloration rouge brique caractéristique de l'arséniate d'argent.

Le rideau renferme donç de l'arsenic dans toutes ses parties.

Pour compléter nos recherches, nous avons incinéré un fragment du tissu comprenant toutes les couleurs et dans les cendres nous avons trouvé une proportion notable d'alumine.

L'arsenic existant dans l'étoffe a été apporté par le mordant. Pour fixer les couleurs d'aniline solubles, on emploie de l'arsénite d'alumine dissous dans l'acide acétique ; dans ces conditions, les couleurs peuvent parfaitement subir l'action du savonnage sans disparaître.

Nous nous sommes demandé si l'arsenic ainsi fixé était diffusible, et si la bordure et la doublure du rideau étaient imprégnées de cet élément toxique. A cet effet, nous avons recherché l'arsenic dans la bordure et la doublure.

Nous avons décousu une bande de bordure de 3 centimètres sur 8 centimètres, pour l'analyse.

Pour la doublure, qui est en toile de coton écru, nous avons opéré sur trois carrés de cinq centimètres de côté.

L'appareil de Marsh n'a donné aucune trace arsenicale.

Ainsi la bordure et la doublure de ce rideau arsénical ne renferment aucune trace de principe toxique.

L'arsenic est donc véritablement fixé et ne peut se diffuser (1).

Examen des vêtements de la dame Danval.

Ces vêtements sont reliés à une pancarte scellée ainsi conçue : « Scellé n° 7. — Commissariat de po- « lice. — Châle bleu, robe de chambre avec sa péle- « rine, deux jupons, corsage en mérinos noir, tablier « en alpaga noir, robe en orléans gris, paires de « bottines, ayant été portés par Mme Danval, « saisis rue de Maubeuge, 12 ».

---

(1) *Journal des Connaissances Médicales*, P. 350. (1878). Ce procédé de raisonnement ne nous paraît pas à l'abri de toute critique. En supposant (et le contraire n'a pas été démontré, bien loin de là, des faits bien connus militent en faveur de cette hypothèse) que des produits arsénicaux volatils aient été émis par les tentures arsénicales, on se demande en vertu de quel mécanisme ce gaz se serait fixé sur la doublure du rideau. Au contraire, en présence d'une semblable hypothèse, on comprendrait fort bien que la fixation du composé arsénical ait lieu dans l'économie, qui se comporte vis-à-vis des corps absorbés tout autrement qu'un morceau de tissu.

On a objecté à cette manière de voir que, si les rideaux avaient donné naissance à des émanations arsénicales, Danval lui-même aurait été malade. A cela, il est facile de répondre que la preuve de l'intoxication arsénicale de Mme Danval n'étant pas faite, c'est une véritable faute de logique, de s'appuyer sur une pétition de principe pour démontrer l'existence du fait en litige. Le corps de Mme Danval contenait de l'arsenic, cela est parfaitement vrai ; elle en a absorbé, nous l'admettons volontiers, mais nous contestons, jusqu'à ce que la preuve en ait été faite scientifiquement, qu'elle ait succombé aux suites d'une intoxication arsénicale

Ces vêtements, à l'exception de la pélerine, portent de nombreuses taches, mais n'ayant pas l'apparence de vomissements.

Nous avons opéré sur chaque vêtement. Les parties tachées ont été découpées et traitées comme l'étoffe du rideau, pour la recherche de l'arsenic.

Nous n'avons constaté la présence de l'arsenic sur aucun vêtement.

CONCLUSION : — 1e Il n'existe sur aucun des vêtements saisis des taches renfermant des traces d'arsenic.

2e Nous avons constaté qu'il existe de l'arsenic dans la portion colorée du rideau. Il n'y a pas d'arsenic dans la doublure ni dans la bordure de ce même rideau.

Cet arsenic provient vraisemblablement de l'arsénite d'alumine employé comme mordant. Ce mordant intimement combiné avec la trame du tissu, ne peut être séparé, et c'est cette combinaison intime de la fibre textile, du mordant et de la matière colorante, qui constitue à proprement parler la teinture.

Il faudrait, pour qu'une pareille étoffe put être la cause d'accidents, qu'elle fut en contact très prolongé avec la peau elle-même, contact qui amènerait d'abord une action irritante locale, une éruption ; l'absorption de l'arsenic serait consécutive à cette altération de la peau.

Il est impossible d'admettre qu'un individu

dormant dans un lit fermé par des rideaux de cette nature, alors surtout que la doublure seule forme directement l'alcôve, puisse absorber même des traces *infinitésimales* d'arsenic. *Cela est tout aussi impossible que d'admettre que l'on puisse éprouver des accidents en tenant à la main un flacon de verre fermé, contenant une préparation arsénicale.* (1)

21 janvier 1878.

ANALYSE DES POUSSIÈRES DE LA CHAMBRE A COUCHER

Nous soussignés, L'Hôte, commis par ordonnance de M. Guillot, juge d'instruction au tribunal de première instance de la Seine, en date du 30 décembre 1877, à l'effet de procéder à l'analyse des poussières de la chambre de Mme Danval et à toutes autres constatations et expériences de nature à établir la possibilité de la diffusion dans l'atmosphère de l'arsenic qui paraît avoir été employé pour fixer certaines couleurs des rideaux.

Serment préalablement prêté, certifions les faits suivants :

Nous avons reçu de M. Clément, commissaire de police, un flacon scellé portant une pancarte ainsi conçue :

---

(1) Note du *Journal des Connaissances Médicales*, P. 352, année 1878. — Cette affirmation peut produire un effet d'audience suffisant, mais elle nous paraît si absolue, que nous demandons la preuve.

« Procès-verbal du 3 janvier 1878. — Commissa-
« riat de police. — Affaire Danval. — Empoison-
« nement. — Scellé n° 8 couvert. — Bocal conte-
« nant de la poussière saisie sous le lit et sur l'ar-
« moire à glace dans la chambre à coucher de
« Danval, 12, rue de Maubeuge ».

Ce flacon renferme 11 gr. 592 de poussière formée de débris minéraux organiques, de cheveux, de laine, coton, crin, etc.

Pour la recherche de l'arsenic, nous avons opéré sur 2 gr. 509 du mélange, qui ont été placés dans une capsule de porcelaine et arrosés d'acide azotique pur. Le mélange chauffé à une douce chaleur a été additionné d'acide sulfurique pur et chauffé de nouveau jusqu'à dessication. Le résidu carbonisé a été traité par l'eau bouillante et introduit après refroidissement dans l'appareil de Marsh, fonctionnant à blanc depuis une demi-heure. Il ne s'est déposé aucune tache sur les soucoupes interposées dans la flamme.

Ces expériences suffisent pour affirmer que les poussières recueillies ne contiennent aucune trace d'arsenic.

Conclusions. — 1° Nous n'avons pas trouvé la plus petite trace d'arsenic dans les poussières recueillies sous le lit et sur l'armoire à glace dans la chambre à coucher de Danval.

2° Dans le cas où des débris pelucheux des rideaux

du lit auraient voltigé sur les meubles, les poussières auraient donné à l'analyse des traces d'arsenic. Ainsi que nous l'avons déjà dit à propos de l'examen des rideaux, c'est dans le mordant du tissu que se trouve la matière arsenicale, qui ne peut pas plus s'échapper que si elle était enfermée dans un flacon.

3° Depuis un certain nombre d'années, l'arsenic est employé journellement à la fabrication des matières tinctoriales usuelles ; il n'y a peut-être pas d'étoffe, de ruban aux couleurs bleu, violette, rouge et verte qui ne soit teint avec des couleurs d'aniline arsénicale, qui sont en contact plus ou moins immédiat avec la peau et dans des conditions qui seraient favorables à l'absorption.

Malgré toutes ces causes possibles et presque journalières de l'introduction de l'arsenic dans l'organisme, nous devons faire remarquer que, dans un grand nombre d'analyses relatives à d'autres empoisonnements et dans lesquels nous recherchions l'arsenic, nous n'en avons pas trouvé la plus petite trace.

Il en est de même des cas dans lesquels nous avons analysé les organes d'individus morts accidentellement (1).

---

(1) Note du *Journal des Connaissances médicales*, p. 352 : M. le professeur Bouis n'a pas été convié à ces analyses, qu'il n'a connues que par hasard. Sur ses vives instances, il lui a été remis un fragment de rideau arsénical, dans

ANALYSE DU VIN QUE BUVAIT Mme DANVAL

Nous soussignés, etc., etc.

Serment préalablement prêté, etc.

Pièces à conviction, etc. — Cette caisse renferme trois bouteilles cachetées, portant les étiquettes suivantes :

Echantillon n° 1. — Buzanquet fils et Allier, Carcassonne.

Echantillon n° 2. — Buzanquet fils et Allier. Carcassonne.

Echantillon n° 3. — Buzanquet fils et Allier. Carcassonne.

Ces vins présentent une coloration rouge, qui paraît être celle du vin naturel. Le n° 1 est moins coloré que les nos 2 et 3.

Nous avons soumis ces vins à l'action des réactifs qui permettent de caractériser les vins naturels.

. . . .

. . . .

CONCLUSIONS. — Il résulte des expériences auxquelles nous nous sommes livré :

---

lequel M. Jules Lefort, de l'Académie de Médecine, a trouvé que pour un mètre carré, il y avait 1 gr. 08 d'arsenic. Ce qui, vu la dimension des rideaux donnait un total de 30 gr. d'arsenic. 30.000 fois plus qu'il n'en avait trouvé dans les viscères.

Il est profondément regrettable que l'expertise et la contre-expertise n'aient pas des droits égaux.

1° Que les vins saisis à Carcassonne, chez les sieurs Buzanquet et Allier, présentent les caractères des vins naturels plâtrés ; 2e que les vins ne renferment pas la plus petite trace d'arsenic.

Analyse de vingt-deux échantillons de sous-nitrate de bismuth

Nous soussignés, Georges Bergeron, Delens et L'Hôte, commis par ordonnance de M. Guillot, juge d'instruction au tribunal de première instance de la Seine, en date du 9 janvier 1878, à l'effet de procéder aux expériences et constatations suivantes :

1e Existe-t-il de l'arsenic dans l'un ou l'autre des vingt-deux échantillons de sous-nitrate de bismuth saisis ?

2e En existe-t-il dans une même quantité provenant soit de la pharmacie Danval soit des pharmacies où elle s'approvisionne ?

3e Etant établi que Mme Danval n'a pris que 20 grammes de bismuth au maximum, peut-on admettre que cette quantité ait suffi pour répandre dans son organisme tout l'arsenic que les précédentes analyses y ont fait découvrir ?

Serment préalablement prêté, certifions ce qui suit :

Nous avons reçu de M. Clément, commissaire de

police aux délégations judiciaires, une boîte scellée portant une pancarte ainsi conçue :

« Commissariat de police des délégations judi-
« ciaires. Procès-verbal du 10 janvier 1877. — Scellé n° 10, couvert. — M. Guillot, juge d'instruction. — Affaire Danval. — Empoisonnement. —
« Boîte énoncée contenir 20 boîtes et deux flacons
« renfermant du sous-azotate de bismuth saisis
« dans diverses pharmacies et à l'Hôpital de
« l'Hôtel-Dieu ».

Dans cette boîte se trouvent 22 échantillons de sous-nitrate de bismuth.

Pour rechercher l'arsenic, nous avons ainsi procédé : 10 grammes de sous-nitrate de bismuth ont été mouillés avec de l'acide sulfurique pur jusqu'à consistance de pâte liquide. La masse s'est échauffée et il s'est dégagé d'abondantes vapeurs d'acide azotique. La capsule a été chauffée à une douce chaleur jusqu'à apparition de vapeurs blanches d'acide sulfurique.

Le résidu repris par l'eau bouillante a été filtré. Le sel blanc restant sur le filtre a été lavé plusieurs fois à l'eau bouillante jusqu'à volume d'eau de lavage, 1 litre environ.

La liqueur claire a été évaporée entièrement jusqu'à apparition de vapeurs blanches d'acide sulfurique. A ce moment, la liqueur acide ne contient plus d'acide azotique. On le constate facilement avec le réactif de Desbassyns de Richemont qui ne donne aucune coloration rose.

Ce résidu final, dilué avec de l'èau, est introduit peu à peu dans l'appareil de Marsh essayé à blanc.

Cette méthode permet de constater de très faibles quantités d'arsenic dans le sous-nitrate de bismuth.

En effet, si à 10 grammes de sous-nitrate pur on ajoute un demi-milligramme d'arsenic (avec la liqueur titrée au millième), on recueille par l'appareil de Marsh dans le liquide résidu de nombreuses taches miroitantes d'arsenic.

Nous avons analysé successivement les vingt-deux échantillons et nous avons obtenu des taches sur des soucoupes avec les sous-nitrate de bismuth désignés n°s 3, 7 et 16. — Ces taches mouillées avec une goutte d'hypochlorite de potasse étendu disparaissent. Traitées successivement par l'acide azotique, l'ammoniaque et enfin le nitrate d'argent au 1 20 après déssication préalable, elles donnent la coloration rouge caractéristique de l'arséniate d'argent.

En résumé, sur 22 échantillons saisis, nous avons constaté que trois échantillons renferment de l'arsenic en quantité appréciable.

Conclusions. — 1° Nous avons trouvé dans trois échantillons seulement de sous-nitrate de bismuth, sur vingt-deux, une très petite quantité d'arsenic, 1 à 2 milligrammes environ pour 10 gr.

2° Il n'existait pas de traces appréciables d'arsenic dans les échantillons provenant soit de la maison Thiboumery et Dubosc (rapport du 10 décembre 1877), soit de la maison Dorvault (rapport du 23 décembre 1877), fournisseurs de Danval.

3° Il convient à cet égard de faire remarquer que, depuis plus de vingt ans, les pharmaciens se préoccupent avec juste raison de ne jamais préparer du sous-nitrate de bismuth pouvant renfermer même des traces d'arsenic, et que la preuve de ces préoccupations légitimes se trouve à chaque instant et dans les traités classiques et dans les articles du dictionnaire.

On doit donc admettre aujourd'hui que ce n'est que *par exception* que du sous-nitrate de bismuth pourrait contenir de l'arsenic.

4° En supposant que Mme Danval ait pris, et cela à plusieurs reprises, une quantité de sous-nitrate de bismuth qui ne serait pas supérieure à 20 grammes, une grande partie de l'arsenic ingéré aurait dû nécessairement s'éliminer ; on devra dès lors ne retrouver dans le foie, l'estomac et les intestins qu'une faible proportion d'arsenic. Or, dans le cas actúel, nous avons trouvé beaucoup plus d'arsenic que n'en pourraient contenir accidentellement les 20 grammes de sous-nitrate de bismuth. Il est donc impossible que l'ingestion de ce sous-nitrate de bismuth soit la cause de la présence dans les organes de l'arsenic qui s'y trouve.

EXAMEN DU TAPIS, DE LA COUVERTURE ET DES ROGNURES DU PARQUET

Nous soussignés, L'Hôte, commis par ordonnance de M. Guillot, juge d'instruction au tribunal de première instance de la Seine, en date du 20 janvier 1878 (1), à l'effet de procéder à l'analyse du tapis, de la couverture et des rognures du parquet provenant de la chambre à coucher de Danval ;

---

(1) Note de MM. Bergeron et Delens dans les *annales d'Hygiène et de médecine légale.*

Cette date est importante à noter, Immédiatement après la mort de Mme Danval, les objets de literie avaient été confiés à une maison qui se charge de l'épuration de ces objets dans ces circonstances. Ils ne purent donc être saisis le jour de l'exhumation. La saisie n'en fut ordonnée qu'après que l'analyse eut révélé la présence de l'arsenic dans les rideaux du lit. Si ces objets n'avaient pas été renouvelés depuis la mort de Mme Danval, ils avaient, dans tous les cas, dû subir un nettoyage complet.

Note personnelle:

C'est mon élève, M. Fauconney qui a donné, sans que je lui les désigne, les objets de literie qui sentaient mauvais, à une maison se chargeant d'épuration. Les experts et le juge n'ont pas manqué de questionner mon élève qui existe encore et peut venir déposer, ainsi que cette maison d'épuration qui a dû leur présenter ses livres leur indiquant les objets épurés. Cette insinuation, après le procès, montre une fois de plus l'état d'âme des experts. Je n'achetais rien sans en tirer facture et le juge, malgré cette autre insinuation, s'est certainement assuré, quoiqu'en

Serment préalablement prêté, certifions les faits suivants :

Nous avons reçu de M. Clément, commissaire de police les différents scellés.

Examen du tapis. — Ce tapis porte une pancarte scellée ainsi conçue :

« Commissariat de police des délégations judi-
« ciaires. — Procès-verbal du 24 décembre 1877.
« Affaire Danval. Empoisonnement. Tapis descente
« de lit dans la chambre à coucher de Danval ».

Nous avons découpé deux morceaux tachés de 4 centimètres de côté qui ont été traités successivement par l'acide azotique et l'acide sulfurique. Le résidu carbonisé, additionné d'eau distillée

---

veulent faire croire les experts, que je n'ai renouvelé aucun objet de literie. Ils ont pu être brossés comme on le fait dans chaque ménage, mais pour avoir été nettoyés plus amplement, c'est faux, je n'y avais aucun intérêt. Dans tous les cas, ils ne sont restés que fort peu de temps dans cette maison d'épuration et étaient chez moi bien avant l'exhumation. — A qui fera-t-on croire qu'un nettoyeur garde de tels objets quinze jours ?

La couverture et le tapis : les principaux objets litigieux, n'avaient pas été épurés ni changés puisqu'on y a trouvé des tâches qui ont été analysées.

Quant au parquet, il n'a été ciré que depuis la mort de ma femme et un nettoyage au cas de vomissements, même à l'aide d'un lavage, — ce qui n'a pas eu lieu, — ne se fait pas assez vite pour qu'un parquet ne s'imprègne pas des liquides que l'on répand dessus.

chaude, a été introduit après refroidissement dans l'appareil de Marsh essayé à blanc. Il ne s'est déposé aucune trace d'arsenic sur les soucoupes interposées dans la flamme. *Ce tapis ne renferme pas d'arsenic.*

Examen de la couverture. — Cette couverture porte une pancarte scellée ainsi conçue :

» Commissariat, etc. Scellé n° 9. Procès-verbal « du 3 janvier 1878, couverture de laine ayant servi « à Mme Danval, saisie sur le lit de l'inculpé, rue « de Maubeuge, n° 12 ».

Nous avons opéré sur quatre fragments tachés de 4 centimètres de côté qui ont été traités comme précédemment. Le résidu introduit dans l'appareil de Marsh n'a donné aucune tache arsénicale.

Examen des rognures. — Ces rognures sont renfermées dans un bocal portant une pancarte scellée ainsi conçue :

« Commissariat, etc. Procès-verbal du 19 janvier « 1878. Copeaux et râclures du parquet de la cham- « bre à coucher de Danval, rue de Maubeuge, 12, « recueillis devant le lit, côté de la tête ».

Nous avons opéré sur 50 grammes de copeaux qui ont été arrosés d'acide sulfurique pur, puis introduits dans une cornue à l'émeri muni d'un ballon refroidi. On a chauffé lentement jusqu'à ce qu'il ne se dégage plus de vapeurs. Il est resté dans la cornue un charbon noir et il s'est condensé dans le ballon une petite quantité de liquide incolore exhalant fortement l'acide sulfureux. On a traité séparément le charbon et le liquide condensé par l'acide azotique, puis par l'acide sulfurique. Le résidu étendu d'eau distillée a été introduit dans l'appareil de Marsh. Nous n'avons recueilli sur les soucoupes aucune trace arsénicale.

Nous ferons remarquer que le parquet de la chambre à coucher étant ciré ne devait pas se laisser facilement pénétrer par les liquides. Dans les cas où des vomissements auraient souillé le parquet, un simple lavage pouvait aisément les faire disparaître.

Conclusions. — Il n'existe aucune trace arsénicale dans le tapis, la couverture du lit et les rognures du parquet provenant de la chambre à coucher de Danval.

Examen du sous-nitrate de bismuth de la maison Thiboumery et Dubosc et de la pate de guimauve de la pharmacie Danval.

Nous soussignés L'Hôte, commis par ordonnance de M. Guillot, juge d'instruction etc., en date du 25 janvier 1878 à l'effet de rechercher :

1e Si 20 grammes de sous-nitrate de bismuth provenant soit de la pharmacie Dubosc, soit de la Pharmacie Centrale contiennent de l'arsenic;

2e Si la pâte de guimauve saisie à la pharmacie Danval renferme de l'arsenic ;

Serment préalablement prêté, certifions ce qui suit :

Conclusions : — 1e Nous constatons que 20 grammes de sous-nitrate de bismuth provenant soit de la Pharmacie Centrale, soit de la maison Thiboumery et Dubosc ne renferment aucune quantité appréciable d'arsenic.

2e La pâte de guimauve saisie à la pharmacie Danval ne contient pas d'arsenic.

Dans le *Journal des Connaissances Médicales*, 46e année, 1878, page 209, 30 juin 1878, nous lisons à propos de l'affaire Danval.

Plusieurs journaux de Médecine, la *Gazette Hebdomadaire*, la *Gazette Médicale*, etc., se sont fait l'écho des journaux politiques en ce qui touche la réforme des expertises médico-légales dont l'affaire Danval a démontré la nécessité. Nous extrayons de la *Revue scientifique* les réflexions suivantes.

Dans notre législation actuelle, les experts sont désignés par le juge d'instruction ou par le président, sur la liste des experts assermentés. Si la défense choisit sur cette même liste ou en dehors d'elle des personnes appelées à contredire les rapports des experts, elles ne sont plus entendues que comme témoins. Le président seul a le droit de les interroger lorsqu'ils viennent déposer devant le Jury. Il y a là un désavantage évident pour la défense. Si l'accusé ou son avocat réussissent à faire faire par un expert assermenté une contre-expertise, et si ce nouvel expert assermenté désigné contredit, au bénéfice de la défense, le rapport du premier expert, il est immédiatement suspect.

« Ainsi dans l'affaire Danval, à la suite des premiers rapports faits par MM. Bergeron, Dalens, et L'Hôte, la défense obtint la désignation de M. Bouis qui arriva à une conclusion opposée.

Pour concilier des opinions diamétralement divergentes, M. le Président désigna comme expert M. Gubler. Il paraissait indiqué d'adjoindre à M. Gubler, en même temps que les trois premiers experts, M. Bouis, qui, en sa qualité de professeur de toxicologie et de membre de l'Académie, avait, autant que qui que ce soit, le droit de faire partie de ce Jury médico-légal. Mais on en jugea autrement. M. Bouis n'apprit que plus tard et indirectement l'intervention de M. Gubler, et il ne fut pas admis à soutenir son opinion, contradictoirement aux premiers experts. M. Gubler n'eut pour collaborateurs que MM. Bergeron et Delens : il est vrai que sa déposition orale fut beaucoup moins affirmative.

« Pour donner à l'accusé le droit de défense légitime, il serait nécessaire, croyons-nous, que les experts fussent désignés d'un commun accord ou isolément, par la défense et par l'accusation, qu'ils fussent admis à opérer ensemble l'expertise et qu'ils jouissent de droits égaux ».

Dépositions des Docteurs Cornil et Gallard

En publiant les dépositions des docteurs Cornil et Gallard, le *Journal des Connaissances Médicales*, les a fait précéder des lignes qui suivent :

Nous renonçons à donner un aperçu des débats contradictoires... Nous savons seulement qu'il n'y a pas eu de discussion sérieuse parce qu'il n'y avait pas de direction, le président s'étant déclaré incompétent, et, que l'on mettait les experts aux prises sans ordre et sans logique, au grand détriment de leur dignité.

MM. L'Hôte, Bergeron, Delens, déposèrent selon les termes de leurs rapports.

M. Gubler refit sa consultation en lui donnant plus de développement, tout en se montrant plus réservé dans ses conclusions.

M. Bouis (1) a développé son mémoire, en insis-

(1) M. Bouis, qui n'était pas prévenu s'apprêtait à lire son mémoire, quand le président lui fit remarquer que cela n'était pas permis. Il dût donc contre son attente, improviser sa déposition ce qui pouvait le mettre en état d'infériorité. L. D.

tant surtout sur la possibilité de l'introduction de l'arsenic dans l'économie, sous la forme d'un composé arsenical volatil et combattit énergiquement les conclusions des experts.

Des éléments nouveaux furent introduits dans les débats par messieurs Cornil et Gallard appelés par la défense; nous reproduisons leurs dépositions en commençant par celle du docteur Cornil, empruntée presque mot à mot au compte-rendu du *XIXe Siècle* rédigée par Ducuing :

Messieurs les Jurés,

« Il y a environ un mois, M. Weber m'a communiqué les rapports des experts. J'ai accepté de venir ici vous dire ce que j'en pense et les critiques qu'ils m'ont suggérées; je suis mû dans cette cause, non par l'intérêt de l'accusé, mais uniquement par le désir d'éclairer vos consciences et de rechercher la vérité.

« J'ai d'abord examiné le rapport de MM. Delens et Bergeron sur l'autopsie. L'autopsie a été faite treize jours après la mort ; elle est incomplète sur bien des points. Certains organes ont été mal étudiés ; d'autres n'ont pas été étudiés du tout. Et cependant les lésions qui pouvaient être constatées dans les organes dont on a négligé l'examen *auraient pu expliquer la mort !...* Il n'y a pas de lésions anatomiques, disent les experts. Qu'en savent-ils puisqu'ils n'ont pas tout recherché ?

Ainsi dans l'estomac, ils ont trouvé une masse arrondie du volume d'un petit pois, ayant l'aspect d'une pilule à demi écrasée. Ils ont oublié de faire l'analyse de ce petit corps.

« Dans l'autopsie du cerveau, les experts déclarent qu'ils ont incisé la dure-mère, et que la masse cérébrale qui ne formait plus qu'une bouillie, s'est échappée et est tombée à terre ; ils ne l'ont pas ramassée ni analysée.

« Ils reconnaissent qu'ils n'ont pas examiné le cerveau et les méninges (enveloppes du cerveau) ; ce qui ne les empêche pas, quelques lignes plus haut, de déclarer qu'il n'y avait rien d'anormal du côté des méninges et du cerveau.

« Je remarque que la tunique intestinale ne présente ni lésions ni érosions ; que l'intestin grêle n'offre même pas les lésions glandulaires de la psorenterie, altération caractéristique, suivant M. Tardieu, de l'empoisonnement par l'arsenic. Les experts n'ont point examiné le gros intestin. C'est là une grave lacune, car Mme Danval avait eu, deux ans auparavant, une fièvre typhoïde. Parfois, à la suite de cette maladie, le gros intestin reste ulcéré et des diarrhées continuelles se produisent.

« Il y a dans la cavité abdominale un organe très important : c'est le pancréas. Les experts n'en parlent pas. Cependant, lorsque les sécrétions de cet organe sont modifiées, lorsque la fonction du pancréas est suspendue, la mort peut survenir avec de l'anémie, des diarrhées et des vomissements. Pour ma part, j'ai publié dans les comptes-rendus de la société de biologie, en commun avec M. Lépine, une observation d'anémie mortelle, dans laquelle l'autopsie a montré que le pancréas était seul altéré. Le sujet était mort de cette forme particulière de l'anémie, qu'on nommme anémie pernicieuse essentielle ou progressive. *C'est à cette maladie que les symptômes observés chez Mme Danval paraissent le mieux se rapporter. Tous les témoignages en outre s'accordent à représenter cette personne comme très anémique.*

« J'arrive à deux organes, on ne peut plus importants, qui ont été examinés d'une façon incomplète, le foie et le rein. Ces deux organes auraient dû être étudiés au microscope. Les experts n'y ont pas songé. Aussi sommes-nous en droit de leur dire : N'aurait-on pas trouvé dans le rein une néphrite interstitielle, maladie qui se caractérise par l'albuminurie, par des symptômes d'empoisonnement urémique et qui se termine par la mort ?

Beaucoup d'organes n'ont pas été examinés dans cette autopsie. Beaucoup n'ont été l'objet que d'une étude superficielle. Et, cependant, après cette autopsie si défectueuse, MM. Bergeron et Delens ne craignent pas de venir dire : « *Nous n'avons rien découvert et, comme le cadavre est bien conservé, il est nécessaire de procéder à des analyses chimiques* ».

« Cette façon de raisonner ne trouverait même pas sa justification au cas où une autopsie consciencieuse n'aurait pas amené la découverte de la cause de la mort. Je pourrais citer des autopsies très bien faites dans lesquelles on n'a rien trouvé. Tel est le cas d'un homme qui a tenu la seconde place sous l'empire.

« Après sa mort on a examiné tous les organes de son cadavre avec un soin scrupuleux. L'autopsie fut faite par des hommes dont on ne peut nier la science, MM. Ch. Robin, Voilmier et Legros. On n'a rien découvert, ou plutôt, on a cru voir dans le pancréas, des cellules, qu'on a considérées comme altérées, mais que depuis on a reconnues comme normales. *Monsieur le Duc de Morny était donc mort sans aucune lésion anatomique.*

« Les experts s'appuient encore sur cette circonstance que la putréfaction verdâtre du ventre n'avait pas encore commencé treize jours après le décès. Pourquoi cette absence de putréfaction ? Est-ce parce que le cadavre était saturé d'arsenic ?

« N'y a-t-il pas d'autres conditions tenant au terrain, à sa sécheresse, à sa nature chimique, et surtout à l'état des viscères qui retardent la décomposition cadavérique ? Ces conditions sont loin d'être bien connues ; mais on sait que la présence d'aliments et de liquides dans l'estomac et l'intestin, au moment de la mort, hâte la décomposition cadavérique, parce que lés sucs digestifs sécrétés avant la mort digèrent les parois intestinales ; comme la mort avait été précédée de déjections abondantes, les intestins étant vides, les viscères du ventre se trouvaient dans de bonnes conditions de conservation.

« Quand on voit la façon dont ces autopsies sont faites on a honte pour son pays. »

M. le Président. — Je ne puis tolérer ce langage, vous insultez des témoins, des experts entendus sous serment. Je vous invite à expliquer vos paroles.

M. Cornil n'avait pas l'intention de blesser les experts ; il retire une expression qui, dans sa pensée, visait moins les hommes que les institutions de notre pays. Il reprend :

« Lorsque la vie d'un homme dépend d'une autopsie, il faut y apporter beaucoup de soins, beaucoup de conscience. Eh bien ! toute une série d'organes a été négligée. Je ne puis faire moins que de dire que cette autopsie a été faite bien légèrement.

« On a donc procédé à une analyse chimique. On a découvert une quantité à peine appréciable d'arsenic. Cela suffit, aux yeux des experts, pour établir qu'il y a eu intoxication.

« M. Bouis a répondu sur ce point. Il a affirmé que, dans les empoisonnements lents cn rencontre toujours une altération des globules sanguins et une stéatose (dégénérescence graisseuse) du foie et du rein. C'est absolument la vérité.

« Les experts répondent à cette déclaration, d'une façon un peu dédaigneuse, qu'ils ont fait l'autopsie treize jours après la mort et qu'ils ne pouvaient plus constater l'état du foie. Cela n'est point exact. J'ai fait l'expérience suivante : j'ai pris un foie gras ; je l'ai mis à l'air libre sur un morceau de liège ; le quatorzième jour je l'ai examiné. La surface était moisie mais la partie centrale était intacte.

« Les cellules hépatiques remplies de graisse, étaient bien conservées, leur noyau se colorait facilement par le carmin. La réponse est, il me semble, péremptoire.

« Je sais bien qu'à cela on pourrait répondre que la dégénérescence graisseuse du foie peut se rencontrer dans une foule de maladies, que la constatation de la dégénérescence graisseuse n'aurait pas permis d'affirmer l'intoxication par l'arsenic.

« Oui, mais si l'on n'avait pas trouvé de stéatose, on n'aurait pas pu soutenir l'intoxication et *M. Danval eut été innocenté.*

« Voici ma conclusion :

« L'autopsie a été incomplètement faite ; aux organes qui n'ont pas été examinés, il faut encore ajouter la vessie, la moelle épinière. On ne peut pas affirmer que Mme Danval n'est pas morte d'une maladie évoluant naturellement. Avec une aussi faible quantité d'arsenic trouvée dans les viscères et en l'absence de toute lésion anatomique, il est impossible d'affirmer qu'il y a eu empoisonnement par l'arsenic. »

La déposition du Dr Victor Cornil a produit une très vive sensation, elle a été le dernier coup porté à un système déjà fort ébranlé ; l'émotion que chacun ressentit en écoutant les paroles énergiques d'un homme passionné pour le bien et pour la vérité, a dépassé les bancs de la Cour d'assises, et certainement n'a pas été étrangère (à l'époque) à l'initiative prise par le garde des sceaux pour la réforme de la législation criminelle.

Il n'y a pas assez d'hommes en France, qui aient le courage de s'attacher aux abus et de frapper fort et juste.

Le Dr Gallard, qui a succédé comme témoin à M. Cornil, était un des experts les plus écoutés du parquet. Les magistrats ne l'ont peut-être pas vu avec plaisir passer du côté de la défense, mais l'honorable expert avait cru devoir obéir à la voix de sa conscience, qui lui faisait un devoir de dire ce qu'il croyait et a toujours cru être la vérité. (Les découvertes actuelles prouvent abondamment qu'il avait vu juste.)

Sa déposition très logiquement déduite restera comme un modèle de critique scientifique. (1)

---

(1) *Journal des Connaissances Médicales*, p. 384.

Déposition de M. le Docteur E. Gallard
Médecin de l'hôpital de la Pitié, etc.

Messieurs les jurés,

« Le défenseur de l'accusé, Me Weber, m'a remis un dossier contenant tous les documents médicaux recueillis pendant le cours de l'instruction à propos de la mort de Mme Danval, en me demandant de lui dire et de déclarer ensuite à l'audience si, de l'examen attentif de ces documents, il résulte la preuve certaine, irrécusable que cette mort doive être attribuée à un empoisonnement par l'arsenic.

« J'ai accepté cette mission dans l'intérêt seul de la Justice et de la Vérité, sans éprouver la moindre sympathie pour l'accusé, que je ne connais en aucune façon ; et, après avoir pris connaissance de toutes les pièces qui m'ont été communiquées, après les avoir compulsées avec le plus grand soin, je n'hésite pas à déclarer qu'elles ne fournissent en aucune façon la preuve que la mort de Mme Danval soit due à un empoisonnement par l'arsenic.

« Les empoisonnements se révèlent à nous par trois ordres de preuves qui, dans les cas les plus nets et les plus clairs, se montrent faciles à constater, se corroborent en quelque sorte les unes par les autres, et qui sont tirées : 1e des symptômes éprouvés par l'individu supposé empoisonné ; 2e des altérations observées sur son cadavre ;

3e de la présence du poison, tant dans les organes, que dans les aliments, boissons ou médicaments qui lui ont été administrés, ou dans les divers produits de ses déjections.

« Si l'un ou l'autre de ces ordres de preuves vient à manquer, l'empoisonnement pourra néanmoins être reconnu, mais à la condition que les autres persisteront avec leurs caractères les plus tranchés, les plus incontestables ; et encore faudrait-il que ces signes persistants et caractéristiques soient du nombre de ceux sur l'importance et la valeur desquels la science est définitivement fixée, de telle façon qu'il ne puisse s'élever aucun doute.

« Lorsqu'il n'en est pas ainsi, lorsque surtout non-seulement aucun des trois ordres de preuves que je viens d'énumérer ne prédomine d'une façon saillante et caractéristique, lorsque, bien au contraire, ces trois ordres de preuves font également et à peu près complètement défaut, comme cela a eu lieu dans le cas de Mme Danval, on n'est nullement autorisé à conclure à la réalité d'un empoisonnement.

« J'examinerai successivement les faits de la cause, suivant qu'ils se rapporteront à chacune des trois grandes divisions principales que je viens d'établir.

Symptomes d'intoxication

M. Gallard, après avoir établi l'importance de la détermination des symptômes, entre ainsi en matière.

« Chez les individus qui prennent depuis plusieurs jours des quantités un peu élevées d'arsenic, soit de 18 à 20 gouttes de solution de Fowler, on voit tout à coup survenir, aussitôt après l'administration d'une dose de l'agent toxique, toute une série de phénomènes graves, consistant en : malaise profond, oppression, sentiment de crainte, de torpeur ; *figure profondément altérée, pâle avec les yeux caves*, peau froide, etc., *suppression complète de l'émission de l'urine ;* quand l'amélioration survient, il y a une légère réaction fébrile, avec face vultueuse et retour de l'émission de l'urine.

« Dans les cas où l'arsenic a été administré en une seule fois à dose toxique, les phénomènes sont différents. Il y a bien le même malaise, suivi de nausées, de vomissements, puis de coliques et de diarrhées ; mais les vomissements et les évacuations alvines sont constituées par des *matières blanches*, et tellement répétées que, dans nombre de cas, on a pu croire à l'existence d'une véritable attaque de choléra, supposition d'autant plus explicable qu'il survient les *crampes très douloureuses*, avec refroidissement du corps, cyanose sur la peau, altération caractéristique de la face, et que les yeux deviennent rapidement caves. Enfin, il y a oppression, avec difficulté extrême de respirer et convulsions venant s'ajouter aux crampes quelque temps avant la mort qui survient *par asphyxie*.

« Si la mort est retardée, le pouls se relève, la chaleur revient, le malaise diminue, l'urine reparaît, mais, *s'il s'est montré quelque phénomène de paralysie ou d'insensibilité, il ne se dissipe qu'après plusieurs jours et quelquefois plusieurs semaines.* » (1)

« Comparons ce tableau avec celui de la maladie de Mme Danval, telle qu'elle est décrite dans le rapport de MM. les experts, et nous verrons bien vite que s'il a existé chez cette personne quelques uns des symptômes les plus vagues et les plus généraux de l'empoisonnement, comme des vomissements et de la diarrhée, il n'y a eu aucun des signes caractéristiques essentiels de l'empoisonnement par l'arsénic. Il n'y a eu ni cette altération si profonde des traits, *que l'on n'aurait pas manqué de signaler*, ni les évacuations blanches comparables à la décoction de riz, ni l'oppression, *ni la mort par asphyxie*, ni même les crampes, auxquelles il n'est pas possible de comparer cette sensation assez vague que la malade a dit avoir éprouvée un instant, alors qu'elle s'est plainte de ne pas sentir sa jambe.

« Il est vrai que sur ce point MM. les experts accordent que les symptômes de l'empoisonnement aigu ont pu manquer, puisqu'ils expliquent la mort de Mme Danval par l'action réitérée de doses

---

(1) DEVERGIE, *Traité de Médecine légale*, 3e édition, T. III, p. 506.

d'arsenic, insuffisantes pour tuer d'un seul coup, mais accumulant leurs effets. « Mme Danval, disent-ils, n'a pas succombé à un empoisonnement lent proprement dit, mais à une série d'empoisonnements successifs par de faibles doses ». A cela je répondrai que, même dans cette hypothèse, on aurait dû avoir les symptômes de l'empoisonnement aigu plusieurs fois répétés, car, comme le fait encore remarquer M. Devergie (1) : « Dans « l'empoisonnement dit lent, c'est-à-dire où l'ar- « senic est donné à petites doses, c'est par *saccades*, « que l'on me passe cette expression, que les symp- « tômes se montrent : c'est lorsque les symp- « tômes graves nés d'une dose toujours donnée « trop forte ont cédé, qu'on voit tout à coup surgir « une nouvelle série de symptômes graves, pro- « venant de ce qu'une nouvelle dose toxique a « été administrée, et successivement ».

« J'ajouterai que l'empoisonnement lent par l'arsenic a, de son côté, une marche toute particulière qui est bien connue, et des symptômes spéciaux, tels, en particulier, que des éruptions cutanées, des excoriations des doigts et des orteils, au pourtour des ongles, des paralysies diverses et que rien de pareil n'a été observé chez Mme Danval. On nous dit bien encore que si elle n'a pas succombé à un empoisonnement aigu, elle n'a pas succombé

(1) Loc, cit., p. 493.

davantage à un empoisonnement lent, mais bien à un empoisonnement mixte, ainsi caractérisé et défini :

« *L'empoisonnement auquel a succombé Mme Dan-* « *val n'est ni un empoisonnement aigu, ni un empoi-* « *sonnement lent proprement dit.* Il y a eu, comme « le prouve la marche des accidents, introduction « du poison dans l'organisme à petites doses et à « des intervalles variables... Il n'y a pas eu intro- « duction graduelle et continue de petites doses « amenant l'intoxication lente ».

On ajoute : « Bien qu'elle ne soit pas sans exem- « ple, la forme d'empoisonnement en présence de « laquelle nous nous trouvons, est certainement « la plus rare » (1).

« J'avoue que pour mon compte, je ne connais aucun fait qui justifie cliniquement l'admission de cette forme si étrange d'empoisonnement, et que je serais fort désireux que l'on m'en citât un seul, afin que je puisse le comparer avec l'observation de Mme Danval.

« En tout cas, j'admettrais peut-être l'empoisonnement mixte si l'on me montrait à la fois, réunis chez le même sujet, les symptômes de l'empoisonnement aigu avec ceux de l'empoisonnement lent ou chronique ; mais, lorsque, comme dans les

---

(1) Réponse au mémoire de M. Bouis p. 92.

circonstances actuelles, je ne vois ni les symptômes de l'empoisonnement aigu, ni les symptômes de l'empoisonnement lent, la logique me conduit à conclure, non pas qu'il y a eu empoisonnement mixte, mais bien qu'il n'y a pas eu empoisonnement du tout (1). »

Altérations observées sur le cadavre

M. Gallard rappelle combien l'autopsie a été faite d'une façon incomplète et poursuit ainsi :

« S'il n'est pas permis, d'après les résultats de l'autopsie, d'affirmer que la véritable cause de la mort n'a pas été l'une des *nombreuses maladies oubliées par MM. les experts*, est-il permis d'affirmer, d'après les lésions anatomiques observées, que cette mort est due à l'empoisonnement par l'arsenic ?

---

(1) A l'audience de la Cour d'assises, M. Bergeron a reconnu la justesse de mes observations, en disant qu'il ne fallait pas s'arrêter à une querelle de mots et que c'était bien certainement de l'empoisonnement lent qu'il avait entendu parler. On voit par les citations ci-dessus, textuellement empruntées à son rapport, combien mes remarques sont justifiées et si c'est moi qui fais une querelle de mots. J'aurai, du reste, à relever encore cette confusion que l'on a cherché à établir, en admettant une forme intermédiaire entre l'empoisonnement aigu et l'empoisonnement lent, non parce qu'elle réunirait les caractères communs aux autres formes, mais parce qu'elle ne présenterait aucun de ces caractères nettement tranchés.

« En aucune façon. L'arsenic est du petit nombre des agents toxiques qui laissent au sein de l'organisme les traces les plus reconnaissables ; et c'est au plus savant de nos honorables contradicteurs, à M. le professeur Gubler, que je veux emprunter la description des altérations anatomiques qui peuvent permettre de reconnaître ses ravages.

« Les lésions constatées après la mort du côté du « tube digestif, sont de la rougeur, des ulcérations, « des taches gangreneuses, des extravasations « sanguines. Des phénomènes semblables se mon- « trent du côté des organes de la circulation, de la « respiration et de l'appareil génital et parfois « même vers les centres nerveux. Le sang du cœur « est fluide et noirâtre (1).

On n'a rien observé de semblable chez Mme Danval. Surtout, on n'a recueilli aucun des signes de la mort par asphyxie, qui, suivant M. Devergie, sont caractéristiques et dont l'absence est constatée par le rapport lui-même, lequel, plus explicite sur ce point que sur beaucoup d'autres, signale la parfaite intégrité du tissu pulmonaire et les diverses parties constituantes des cavités cardiaques, trouvées vides de sang.

On nous dira peut-être que ce sont là des lésions propres à l'empoisonnement aigu et qui ne se pro-

(1) GUBLER, commentaires thérapeutiques du Codex, p. 437.

duisent pas lorsque l'agent toxique a été administré à doses plus faibles et plus souvent renouvelées. Je le veux bien, tout en faisant remarquer en passant, que les cas dans lesquels les lésions anatomiques ont été les moins accentuées et ont même pu faire complètement défaut, sont justement ceux dans lesquels l'empoisonnement a été le plus aigu, le plus rapide et s'est produit sous l'influence d'une dose d'arsenic plus élevée.

Cela se comprend, du reste : L'absorption, s'exerçant sur une plus grande masse à la fois, a pu transporter plus rapidement dans l'organisme une quantité de substance toxique suffisante, pour déterminer la mort d'une façon en quelque sorte foudroyante. Et ce résultat a pu arriver avant même que les lésions de tissu aient eu le temps de se produire.

Mais ce n'est pas de l'empoisonnement suraigu qu'il s'agit ici, c'est d'un empoisonnement qui aurait duré longtemps, qui aurait consisté en administrations successives de doses toxiques, dont la dernière au moins a du être suffisante pour causer la mort. Qu'on l'appelle mixte ou chronique, ce n'en serait pas moins un empoisonnement lent.

« Or, l'empoisonnement par l'arsenic, qui dure depuis un certain temps, détermine des lésions bien plus caractéristiques encore que celles de l'empoisonnement aigu. Au premier rang de ces altérations importantes, figure la dégénérescence graisseuse ou stéatose du foie et de divers organes. Elle peut provenir d'autres causes ; mais elle ne manque pas lorsqu'il y a eu empoisonnement par l'arsenic, et même elle ne se fait pas longtemps attendre; quelques jours suffisent pour qu'elle apparaisse ; au bout de plusieurs semaines on peut la considérer comme absolument inévitable.

« Voici ce qu'en dit M. Gubler.

« A ces désordres anatomiques (ceux que j'ai énumérés plus haut), il faut adjoindre une altération graisseuse des viscères, principalement du foie, identique avec la stéatose phosphorée (1) ».

« C'est une lésion reconnue depuis peu, mais qui a été étudiée avec soin ; aussi M. Jaccoud, dont l'ouvrage est plus récent que celui de M. Gubler en précise-t-il plus énergiquement la signification en disant : « Les lésions les plus notables, les plus caractéristiques sont les stéatoses multiples, dont les travaux de Munck, de Leyden et surtout de Saikowski, ont établi la constance. *La dégénérescence graisseuse* occupe le foie, l'épithélium des canicules urinaires, le cœur ; elle a été vue aussi dans l'épithélium des glandes gastriques et dans le diaphragme. Cette dégénération est en raison directe de la durée de l'intoxication ; dans le foie, elle marche de pair avec la disparition de la substance glycogène. Qu'il s'agisse d'empoisonnement

---

(1) Gubler, *loco citato*, p. 437.

aigu ou d'intoxication chronique, l'arsenic est donc par excellence un poison stéatogène (1) ».

« Que dire après cela de cette assertion que nous extrayons textuellement du rapport de MM. Bergeron et Delens ? « En raison de la longue durée de la maladie, il n'y avait pas lieu d'attacher à la stéatose du foie la même importance que si la mort était survenue à la suite d'accidents rapides, surprenant au milieu d'un état florissant de santé (2) ».

« C'est absolument le contraire de cette assertion qui est l'expression exacte de la vérité scientifique la mieux établie, en ce qui concerne la dégénérescence graisseuse du foie, et la propriété stéatogène de l'arsenic. C'est cette vérité qu'il importait de rétablir pour arriver à démontrer que les organes de Mme Danval ne présentaient pas plus les lésions caractéristiques de l'empoisonnement lent que celles de l'empoisonnement aigu, et dissiper cette confusion que l'on a cherché à établir à propos de l'anatomie pathologique, comme à propos de la symptomatologie, en imaginant une forme intermédiaire, qui serait caractérisée par l'absence de tout symptôme propre à l'intoxication arsénicale (3).

(1) Jaccoud, *Traité de pathologie interne, appendice aux quatre premières éditions*, Paris 1878, p. 344.

(2) Réponse au mémoire de M. Bouis, p. 101.

(3) Après ce qui vient d'être dit, il devenait inutile de discuter sur la question de savoir si, dans le cas où le foie

RÉSULTATS DE L'ANALYSE CHIMIQUE

« Les enseignements fournis par l'analyse chimique ont singulièrement perdu de leur importance en toxicologie, depuis qu'il est parfaitement établi, d'une part que des poisons ayant incontestablement causé la mort d'un individu, peuvent parfaitement échapper à toutes les recherches du chimiste expert, d'autre part que des substances toxiques nombreuses peuvent, dans certaines circonstances, se rencontrer dans le cadavre d'un individu qui n'a été nullement empoisonné. C'est pourquoi il serait absolument illogique et tout à fait inconséquent de s'en tenir aux taches d'arsenic fournies par l'analyse chimique, pour conclure dans une affaire d'empoisonnement.

---

de Mme Danval aurait présenté la dégénérescence graisseuse, on aurait pu le reconnaître au moment de l'autopsie. A cette question qui m'a été posée à l'audience, j'ai répondu que, même en l'absence de tout examen microscopique, il me semblait impossible que, vu la conservation remarquable de ce viscère, dont la consistance n'était pas altérée, un médecin légiste aussi expérimenté que M. Bergeron et un anatomiste aussi habile que M. Delens, aient pu s'y méprendre et méconnaître l'état gras d'un foie qu'ils déclarent avoir coupé en morceaux. M. Bergeron a dû reconnaître que j'avais parfaitement raison, et concéder, comme un fait irrévocablement acquis au débat, que le foie n'était en aucune façon stéatosé. Cette discussion dont les journaux de grand format ont essayé de se divertir,

« Dans l'espèce, on a retrouvé de l'arsenic au sein des organes de Mme Danval ; mais cet arsenic, s'il était en quantité *appréciable*, y était, d'après les termes mêmes de MM. les experts, en proportion fort minime. Je me garderai bien de chercher à évaluer la quantité en poids et de dire s'il y en avait dans tout le corps moins d'un milligramme, comme l'a pensé M. Bouis, ou environ 3 milligrammes, comme l'a prétendu M. Bergeron, de telles évaluations étant absolument arbitraires, et échappant à tout contrôle sérieux. Ces deux expressions *quantité appréciable* mais *très minime* me suffisent pour me rendre compte de ce qui existait en réalité. Cette quantité était, du reste, si minime, que l'on a pu à peine obtenir un semblant d'anneau et que, pour avoir quelques taches de très petites dimensions sur une soucoupe, il a fallu attendre un temps fort long, si long que deux des experts ont perdu patience et se sont retirés

---

parce qu'ils n'en comprenaient pas la portée, s'est donc terminée par une concession d'une gravité exceptionnelle, et ce n'est pas la seule que je sois parvenu à obtenir de la bonne foi de mes honorables contradicteurs. On se rappelle, en effet, que M. Bergeron avait déjà renoncé à l'empoisonnement mixte, pour admettre qu'il y avait eu à proprement parler empoisonnement lent. Or s'il y avait eu empoisonnement lent, il aurait dû y avoir stéatose du foie et, puisque le foie n'était pas gras, c'est qu'il n'y avait pas eu empoisonnement par l'arsenic. On ne peut pas sortir de ce dilemme.

avant d'avoir vu se produire ces taches à peine apparentes, sur la présence desquelles ils ont plus tard établi toute leur argumentation

« Si, d'une aussi petite quantité de poison, on pouvait rapprocher des symptômes et des lésions caractéristiques de l'empoisonnement, je comprendrais que l'on y vit une preuve nouvelle ajoutée à d'autres pour se décider à conclure, car je ne suis pas de ceux qui pensent qu'il faille, de toute nécessité, extraire du cadavre de la victime une quantité de poison suffisante pour causer la mort. Mais, quand on n'a pas d'autres éléments de preuves à fournir que ces résultats de l'analyse chimique, on ne saurait être trop réservé. Il faut alors se pénétrer de cette sage maxime de Casper qui ne devrait jamais cesser d'être présente à l'esprit des experts :

« C'est seulement la quantité du poison trouvé « chimiquement qui peut faire conclure qu'il y a « empoisonnement. *Des quantités très minimes de « substance vénéneuse trouvées dans l'estomac, dans « le sang, etc., ne sont plus ce qu'on appelle des poisons* (1) ».

« Cette sage doctrine n'a pas cours seulement de l'autre côté du Rhin, elle a été également professée, quoiqu'en termes un peu moins explicites, par les experts légistes les plus autorisés de notre pays. »

---

(1) Casper, *Médecine légale*, T. II, p. 175.

« C'est ainsi que M. Devergie a écrit : « Je ne « prétends pas dire qu'il faille peser l'arsenic « obtenu, qu'il faille obtenir une dose d'arsenic qui « soit capable de donner la mort, ainsi que l'ont « demandé quelques magistrats ; mais je me borne « à prouver que, dans certaines circonstances, la « question de quantité peut servir et que, d'ail- « leurs, l'expert est toujours mieux fondé à porter « sa conviction dans l'esprit des jurés, quand il « obtient une forte proportion d'arsenic des « organes qu'il analyse, que lorsqu'il n'en retire « que quelques taches ou un anneau métallique à « peine appréciable (1). »

« Allant plus loin, Orfila se prononce avec beau- « coup plus d'énergie et n'hésite pas à dire : « L'absence de lésions cadavériques (même avec « les symptômes d'un empoisonnement aigu) et la « proportion *minime* d'arsenic extraite du foie « commandent la circonspection et *font un devoir « à l'expert de ne pas affirmer qu'il y a eu empoi- « sonnement,* tout en lui enjoignant de dire que « l'empoisonnement est probable.

« Si la marche de la maladie a été lente et si l'on « n'a observé que quelques-uns des symptômes que « l'on remarque le plus souvent dans l'empoison- « nement par l'arsenic, *dans ce cas excessivement « épineux, le médecin ne saurait être trop réservé ;* à

(1) Devergie, *Médecine légale*, T. III, p. 504.

« coup sûr il serait blâmable s'il affirmait qu'il « y a eu empoisonnement (1) ».

« On dirait qu'en écrivant ces lignes, l'illustre toxicologiste prévoyait en quelque sorte le fait de Mme Danval. Il recommandait surtout de rechercher avec soin d'où pouvait provenir l'arsenic, qui peut être introduit dans l'organisme par tant de voies différentes et en l'absence de toute tentative d'empoisonnement.

« Suivons donc ce conseil et voyons si la toute minime quantité d'arsenic trouvée dans les organes de Mme Danval ne peut pas provenir d'une autre origine que d'un empoisonnement.

« *Je ne parlerai pas de l'arsenic existant à l'état normal dans le corps humain, c'est une utopie qui ne se discute même plus.*

« L'arsenic existe dans les organes, c'est qu'il y a été introduit par une voie quelconque ; cherchons quelle a pu être cette voie d'introduction. Les médicaments ? Ceux qu'on a analysés n'en contenaient pas. Il ne pourrait être fait de réserve que

---

(1) ORFILA, *Médecine légale*, 4e édit., T. III, p. 308. Ces réflexions qui se rapportent aux cas dans lesquels l'individu supposé empoisonné avait été soumis antérieurement à un traitement arsénical, sont bien plus applicables encore à ceux dans lesquels l'arsenic a été absorbé *fortuitement*, sans avoir été administré ni comme médicament, ni comme poison, comme je vais démontrer que cela a eu lieu pour Mme Danval.

pour le sous-nitrate de bismuth dont le type n'a pas été retrouvé.

« Les aliments n'en contenaient pas davantage.

« Mais il est établi que la chambre dans laquelle vivait Mme Danval était tendue de rideaux dans lesquels l'arsenic se trouvait en quantité considérable. Il y avait par chaque mètre plus d'un gramme non pas de sel arsénical, mais d'arsenic pur (1 gr. 08), ce qui, pour 27 mètres de rideau, faisait l'énorme quantité de près de 30 grammes d'arsenic. De nombreuses observations ont démontré avec quelle facilité l'arsenic contenu dans les papiers de tenture, dans les peaux d'animaux empaillés, et même dans les étoffes, s'en dégage pour se répandre dans l'atmosphère ; les accidents survenus dans ces conditions, et que je pourrais citer, prouvent qu'alors il peut être facilement absorbé. Je n'ai pas à examiner sous l'influence de quelle action chimique s'opère ce dégagement ; d'autres fourniront l'explication de ce fait qui existe réellement et qui ne saurait être sérieusement contesté. Dans le cas de Mme Danval, les émanations provenant de ses rideaux n'ont pas été assez abondantes pour agir sérieusement sur sa santé, pour l'empoisonner, ni même pour la rendre malade, puisqu'elle n'a présenté ni les symptômes, ni les lésions caractéristiques de l'empoisonnement par l'arsenic. On peut, en effet, prendre une certaine quantité d'arsenic sans en être incommodé ; nous en donnons tous les jours à des malades qui, au contraire, s'en trouvent fort bien, et dans les organes desquels on ne manquerait pas d'en trouver beaucoup, plus même qu'on n'en a retrouvé dans ceux de Mme Danval. Ce sont les émanations de ses rideaux, et ces émanations seulement, qui ont fourni aux organes de cette malheureuse femme la minime quantité qu'ils ont rendue à l'analyse chimique (1).

« La preuve du reste que cette petite quantité d'arsenic ne pouvait pas provenir d'une autre origine et qu'il n'y en a jamais eu une plus forte proportion dans le corps de Mme Danval, c'est que, si on ne peut pas trouver par quelle voie il serait entré, on ne trouve pas davantage par quelle voie il aurait été éliminé.

« On n'a pas vu administrer le poison ; on n'en a

(1) Il m'a été objecté à l'audience que l'analyse chimique n'ayant pas permis de retrouver d'arsenic dans le tissu pulmonaire, il n'était pas possible d'admettre le mode d'introduction du poison que je viens d'indiquer ; à cela j'ai répondu par cette citation empruntée à M. Chatin : « Lorsqu'on fait respirer des animaux dans de l'air contenant de l'arsenic en vapeur, l'effet du poison ne doit pas être rapporté seulement à la vapeur déposée sur la membrane muqueuse pulmonaire, mais aussi et *surtout à l'arsenic, qui, après s'être arrêté à la surface de l'arrière-gorge, pénètre dans l'estomac par les mouvements de déglutition* ». J'ai dû même ajouter que tout en admettant, avec M. Gubler, qu'une portion notable de l'arsenic ainsi répandu

trouvé ni dans les breuvages, ni dans les aliments, ni dans les médicaments. On ne l'a pas davantage vu sortir et on prétend que c'est parce que les déjections n'ont pu être analysées. Mais c'est là une grave erreur ; ces déjections ont été analysées et avec le plus grand soin, mais elles ont fourni un résultat purement négatif.

« On a vu des taches de vomissements sur le bas des rideaux et c'est en analysant ces taches qu'on y a rencontré l'énorme quantité d'arsenic que je viens d'indiquer ; seulement la proportion d'arsenic était absolument la même auprès du plafond qu'auprès du parquet ; il ne provenait donc pas des vomissements.

« Alors on a recherché l'arsenic dans la robe de chambre que Mme Danval avait portée pendant toute la durée de sa maladie, dans sa couverture, dans sa descente de lit, et dans aucun de ces objets, souillés de déjections de toute nature, on n'a

---

dans l'atmosphère ait pu être absorbé par les voies pulmonaires, il n'y a rien d'étonnant à ce qu'au bout d'un temps très court on ne le retrouve plus dans le parenchyme même du poumon, où la circulation est infiniment plus active que partout ailleurs. C'est donc dans le foie qu'il faut aller le chercher d'abord, quelle que soit la voie par laquelle il soit entré. Cela est si vrai que c'est dans cet organe qu'Orfila la découvrait toujours, même après l'avoir introduit dans l'économie animale au moyen d'un incision faite sous la peau de la cuisse ou de tout autre point du corps plus éloigné.

trouvé d'arsenic. On a même raclé le parquet et les râclures de parquet, qui, dans l'affaire de Lapommerais avaient permis aux experts de reconnaître la présence de la digitaline, si difficile à fixer, n'ont pas permis de retrouver ici la moindre trace d'arsenic, si facile à révéler.

« Ne sont-ce pas là des preuves bien convaincantes, et qui démontrent en réalité comment Mme Danval a pu, sans être réellement empoisonnée par l'arsenic, fournir à l'expertise l'insignifiante quantité de ce poison qui a été retrouvée dans ses organes, et comment cette si minime proportion a pu y être introduite, sans qu'il y ait eu empoisonnement, par suite des dégagements de l'arsenic provenant des tentures dont elle était entourée et qui étaient elles-mêmes imprégnées d'une énorme quantité (30 grammes) de cette substance toxique.

« Je résume les divers éléments de cette discussion et je dis :

1e Puisque Mme Danval n'a pas présenté les symptômes caractéristiques de l'empoisonnement par l'arsenic ;

2e Puisque l'on n'a pas retrouvé sur son cadavre les lésions caractéristiques de cet empoisonnement ;

3e Puisque la très minime quantité d'arsenic que l'on a extraite de ses organes est insuffisante pour démontrer la réalité de l'empoisonnement, et qu'au contraire elle s'explique très bien par les émanations provenant des rideaux et tentures imprégnés d'arsenic, au milieu desquels cette personne a séjourné pendant les derniers temps de sa vie ;

« Non seulement on est autorisé à déclarer, comme je le faisais en commençant, que les documents de l'instruction, soumis à mon examen, ne donnent pas la preuve certaine, irrécusable que la mort de Mme Danval doive être attribuée à l'empoisonnement par l'arsenic ; mais, que, bien au contraire, l'étude attentive et approfondie de ces documents démontre d'une façon incontestable que cette mort ne peut pas être attribuée à un empoisonnement par l'arsenic.

P.-S. — Il est une question que l'on a eu bien soin de ne pas me poser au cours de ces débats et que certains journaux m'ont reproché de n'avoir pas résolue, c'est de savoir quelle a été la véritable cause de la mort de Mme Danval. Je répondrai que, n'ayant pas fait l'autopsie, je n'ai pas cherché à élucider cette question, dont l'insuffisance des renseignements, consignés dans les rapports mis sous mes yeux rendait la solution absolument impossible au moment où j'ai eu à donner mon avis. On ne me demandait pas, du reste, de trouver dans ces documents à quel genre de mort Mme Danval avait succombé, mais tout simplement s'ils fournissaient ou non la preuve qu'elle avait été empoisonnée par l'arsenic. Après le verdict du

Jury, je n'ai pas le droit de dire qu'elle n'a pas été empoisonnée, mais je conserve le droit d'affirmer et de démontrer, comme je viens de le faire, que ce n'est pas l'arsenic qui l'a tuée. »

Article de M. le Dr Galippe [1]

Nous sommes arrivés maintenant à la conclusion de cette affaire si grave et si importante. Nous avons donné avec impartialité toutes les pièces relatives au débat : à nos lecteurs de juger, si les experts ont complètement et scientifiquement rempli les devoirs qui leur étaient imposés.

Après avoir renoncé à l'hypothèse d'un empoisonnement lent, et cherché une étiquette pour cette variété rare d'empoisonnement, les experts ont fini par découvrir celle-ci : « *Empoisonnement arsénical par des doses médiocres et réitérées de poison* ». Médiocre ne préjuge rien. Ce n'est pas un terme scientifique ; personne ne sait, pas même les honorables experts, ce que c'est qu'une dose médiocre. Mais c'est le mot de la situation. Nous aimions mieux l'empoisonnement pas *cascades et à répétition.* C'est aussi peu scientifique, mais au moins on sait ce que cela veut dire.

Dans la réponse qu'ils ont faite à quelques-unes des observations présentées par leurs adversaires,

---

(1) Extrait du *Journal des Connaissances Médicales,* 1878 p. 395.

les honorables experts persistent à croire qu'ils sont à l'abri de toute critique. Espérons qu'ils ne seront pas seuls de leur avis.

« Prétendre, disent-ils, que l'expertise est tenue « de fournir toutes les preuves, sans réfléchir aux « impossibilités matérielles, en présence desquelles « elle se trouve toujours dans ces cas ; vouloir que « les moindres détails soient consignés, comme « dans une observation recueillie à loisir dans un « but scientifique, c'est se méprendre étrangement. « Cette prétention ne tend à rien moins qu'à entra- « ver systématiquement, à l'avenir, l'action de « la Justice en matière d'empoisonnement ».

Que l'accusation ne fasse pas toutes les preuves, nous le comprenons : mais alors qu'elle soit modeste, réservée, que son assurance soit proportionnelle à la quantité de preuves qu'elle possède, et, qu'elle n'aille pas, comme l'ont fait les honorables experts, procéder, comme s'il s'agissait d'un théorème géométrique démontré, jusqu'à parler de *certitude absolue*, de *démonstration évidente !* etc. Nous persistons à croire qu'une observation médico-légale *peut et doit être prise* avec autant de détails — que s'il s'agissait d'un but scientifique. — La vie, l'honneur des citoyens sont en jeu, c'est bien quelque chose !...

Les experts pouvaient se dispenser de cette profession de foi, au moins inutile, après la lecture de leurs rapports.

DU FAIT NOUVEAU

ARSENIC NORMAL

« Le fait nouveau » sur lequel a été formulée ma demande en révision, résulte des récentes découvertes de *la Science* établissant l'existence normale de l'arsenic dans l'homme.

A l'époque du procès (ainsi qu'on l'a vu dans les divers rapports), l'opinion des experts de la justice était la suivante : « *L'arsenic n'existe pas norma-* « *lement, ce fait est aujourd'hui partout admis* ».

L'opinion de M. le professeur de toxicologie, Bouis était encore plus affirmative, page 55 de son mémoire :

« *Jamais dans nos leçons nous n'avons admis* « *l'arsenic normal !*

M. le Dr Victor Cornil s'exprimait ainsi :

« *Je ne parlerai pas de l'arsenic normal, c'est une utopie qui ne se discute plus* ».

M. le Docteur Gallard a dit la même chose dans sa déposition.

Et c'est le principal argument sur lequel s'appuyait l'opinion des experts.

Aussi devant toutes ces affirmations *si précises*, et *unanimes*, alors que moi-même, j'étais de cet avis, le Jury fut convaincu que l'arsenic trouvé dans le corps de Mme Danval ne pouvait provenir que d'une cause criminelle, le poids de la déposition de M. Bergeron, en tant qu'expert assermenté de la Justice, l'emportant sur les autres.

M. Armand Gautier, de l'Académie des Sciences, à qui, le premier, est due la genèse de la découverte de l'arsenic normal. s'exprime ainsi dans un travail sur cette question présenté à l'Académie : « Les « découvertes sont bien rarement le fruit du « hasard, celle dont je vais entretenir l'Académie « a ses origines dans les traditions les plus reculées « de la Médecine ».

Il parle alors de l'emploi qu'il fit du cacodylate de soude, de la surveillance qu'il apporta à son action et de sa découverte de l'arsenic normal d'abord dans la glande thyroide.

C'est à la suite de cette découverte que d'autres savants intéressés par cette question brûlante répétèrent ses expériences.

Sur la Méthode de Marsh

Comment cette croyance erronée de la nonexistence de l'arsenic normal s'était-elle si fortement ancrée dans l'esprit des hommes de science ?

M. G. Bertrand a fait des recherches à ce sujet et il en parle dans les annales de l'Institut Pasteur.

« La méthode de Marsh, publiée en 1836 avait permis de déceler une fraction de milligramme d'arsenic, même lorsque le métalloïde était entré en combinaison avec les tissus de l'organisme.

« Une difficulté d'un ordre spécial est alors apparue, on s'est demandé si une dose aussi minime d'arsenic suffisait à établir la preuve d'un empoisonnement, si au contraire il n'y avait pas normalement des traces d'arsenic dans le corps de l'homme.

Cette question dont on conçoit l'extrême gravité, a donné lieu à de nombreuses expériences et à de vives discussions ; aussi en 1841 une commission de l'académie de sciences composée de Thénard, Dumas, Boussingault et Régnault, fut nommée pour donner son avis à ce sujet.

« Après de nombreuses expériences, à la suite desquelles a été préconisée la forme de l'appareil de Marsh que tout le monde connait aujourd'hui, elle émit l'opinion qu'on ne peut trouver ordinairement de l'arsenic dans le corps humain. »

« La neuvième conclusion de son rapport est en effet ainsi conçue :

« *Quant à l'arsenic que l'on avait annoncé dans* « *le corps de l'homme à l'état normal, toutes les* « *expériences que nous avons faites, tant sur la* « *chair musculaire que sur les os, nous ont donné* « *des résultats négatifs* » (1).

---

(1) Comptes rendus T. XII, 1841, p. 1076-1109.

« Cette conclusion formulée par des hommes dont la science et l'habileté expérimentale étaient incontestées, eut, on peut dire, jusqu'à ces dernières années, une influence prépondérante. *On dénia formellement l'existence de l'arsenic normal* et, comme une série d'observations démontrèrent par la suite qu'une foule de produits médicamenteux, hygiéniques et même alimentaires contiennent de l'arsenic, on crut très suffisant d'expliquer par là la présence de traces du métalloïde dans le corps de l'homme, quand on en trouvait, sans avoir à incriminer ni les méthodes de travail, ni les réactifs employés ».

« Tel était l'état de la question quand parurent les recherches de M. Armand Gautier. »

Sur la recherche et sur l'existence de l'arsenic dans l'organisme par M. Gabriel Bertrand.

Dans les annales de l'Institut Pasteur (1) nous extrayons du petit opuscule que nous avons sous la main quelques passages principaux.

« Jusqu'aux recherches publiées en 1899 et 1900 par M. Armand Gautier (2) on admettait donc, d'une manière absolue, l'absence de l'arsenic dans le corps de l'homme.

« En démontrant que les glandes thyroïdes et

(1) *An, Ins. Pas.* T. XVI, août 1902.

(2) C. r. acad. d. Sciences, T. CXXIX. p. 929-936-1899.

quelques autres parties des animaux renferment normalement de petites quantités d'arsenic, M. Armand Gautier a *transformé* et *défini* l'aspect de cette question importante de *médecine légale*; *bien mieux il a fait entrer l'étude de l'arsenic dans le domaine de la physiologie.*

« Mais pour que cette démonstration, avec toutes ses conséquences, conserve sa valeur, il faut que le fait principal sur lequel elle repose, c'est-à-dire l'existence normale de l'arsenic dans l'organisme, reste établi d'une façon indiscutable.

« Or, plusieurs mémoires dus à Hodlmoser, Ziemke, Cerni, viennent de mettre les assertions de M. Armand Gautier formellement en doute.

« Vivement intéressé par le rôle possible de l'arsenic dans l'organisme vivant, j'ai été conduit à répéter pour ma part les expériences de M. Ar. Gautier .

« *Les résultats auxquels je suis parvenu me paraissent si démonstratifs que je crois utile de les communiquer* .

« Mes premiers essais faits en janvier 1900 furent infructueux.

« J'eus recours aux conseils *personnels* de M. Armand Gautier et les nouveaux essais que j'entrepris, d'après ses indications, me fournirent des anneaux très appréciables d'arsenic. MM. Guglielminetti, professeur de toxicologie, etc., et Heupel obtinrent le même succès. »

La lecture des contradictions citées plus haut mit M. Gabriel Bertrand en défiance contre le procédé de recherches habituel et, à l'aide d'un perfectionnement qui est son œuvre et dont il donne longuement le détail, il peut affirmer, dit-il, que les méthodes anciennes fournissent à elles seules les causes d'erreur et que conséquemment toutes les analyses faites antérieurement sur des quantités seulement appréciables seraient entachées d'erreur.

Cela proviendrait, comme l'a démontré M. Bertrand, de l'impureté des réactifs, (réputés purs), employés à l'époque et de l'insensibilité relative de la méthode qui ne permettait pas de les vérifier suffisamment.

On employait alors sans défiance de grandes quantités de réactifs et on n'avait en effet aucune raison de les ménager puisqu'on les croyait absolument purs; par là on introduisait une dose d'arsenic suffisante pour être retrouvée par la méthode en usage. Si au contraire les réactifs étaient employés en proportion moindre, au cas par exemple où la substance à réduire était de faible poids et de carbonisation facile, la quantité d'arsenic apportée restait au-dessous des limites de sensibilité de la méthode.

Il y a à tenir compte d'ailleurs de toutes les autres causes de perte ou de gain de l'arsenic qui pouvaient se produire au cours des manipulations successives et influer dans l'un ou l'autre sens sur le résultat final de l'opération.

Rien de plus dangereux donc que le jugement à porter sur la recherche des quantités voisines des limites de sensibilité.

Toutes les causes qui amèneront la quantité d'arsenic à les dépasser, feront découvrir le toxique, même s'il n'existait pas dans la substance ou l'organe soumis à l'analyse; toutes celles au contraire qui tendront à maintenir ou à faire tomber cette dose au-dessous du minimum de sensibilité, feront trouver un résultat négatif, bien que le corps examiné contienne réellement une dose d'arsenic appréciable.

La méthode a été aujourd'hui portée à un degré de sensibilité tel que M. Bertrand a pu trouver l'arsenic dans moins d'un gramme d'acide nitrique distillé, le plus pur que l'on pût employer en 1878; et l'on a vu par les rapports même de notre affaire qu'on procédait alors non par gramme, mais par centaines de grammes.

Aussi retrouvait-on plus facilement l'arsenic dans une expérience faite sur une grosse masse d'organes, dont la réduction exigeait une masse proportionnelle de réactif, que dans une série d'expériences sur cette même masse divisée, et ainsi s'expliquent les divergences d'appréciation entre les premiers experts et M. Bouis quand de part et d'autre on a voulu faire une évaluation quantitative; ainsi s'explique même que le savant toxicologue ait trouvé des traces plus visibles dans l'intestin, dont il analysait 200 grammes que dans le foie où il opérait sur 100 grammes seulement, alors qu'en général le foie est le lieu d'élection du métalloïde, et qu'enfin le résultat ait été, sinon certainement négatif, du moins extrêmement douteux pour 49 grammes d'estomac.

Ainsi s'explique aussi pourquoi l'arsenic normal a si longtemps échappé aux recherches, et l'on remarquera même ce fait que M. Bertrand fut obligé de s'adresser à M. Ar. Gautier pour pouvoir refaire avec succès ses premiers essais qui avaient été infructueux en janvier 1900. Il ne fut pas le seul puisqu'il en cite d'autres : Höldlmoser, etc., et plus loin il ajoute :

« Depuis, les contradicteurs de M. Armand Gautier ont signalé, l'un dans plusieurs de ses essais, l'autre dans presque tous, l'apparition de traces arsénicales.

Plus loin, il dit : « A la question : y a-t-il de l'arsenic oui ou non dans l'organisme ? je vais répondre d'une façon positive et, je l'espère à l'abri des critiques ».

Afin d'éviter toute possibilité d'erreur, M. Gabriel Bertrand ne s'est pas contenté d'appliquer sa méthode au seul examen des tissus vivant dans une atmosphère pouvant éveiller des doutes, c'est-à-dire sur l'homme et les animaux domestiques soumis par suite du développement de l'industrie à des causes importantes de contamination arsénicale.

Il a eu recours pour ses nouvelles expériences à des organismes étrangers au milieu dont nous venons de parler et à l'abri de toute contamination.

C'est sur le yacht, « *Princesse Alice* » du prince de Monaco et grâce à la bienveillance de celui-ci qu'il a pu rassembler avec tous les soins nécessaires et soumettre ensuite à l'analyse les organes d'une assez longue série d'animaux marins, capturés loin des côtes et quelquefois à une grande profondeur dans l'Atlantique :

« J'ai, dit-il, examiné les plumes d'un oiseau de haute mer, (le pétrel) et les cornes d'un mouton élevé dans les pâturages du mont Pico, aux îles Açores ».

« *Chaque fois, j'ai isolé une quantité appréciable d'arsenic.*

Un magnifique laboratoire lui avait été aménagé à bord de ce navire où il put faire chaque jour ses expériences.

Plus loin : « j'ai pu examiner les glandes thyroïdes provenant de phoques (phoca-barbata) capturés au voisinage du Spitzberg, dans des conditions, par conséquent, où on ne peut même pas invoquer la contamination de l'atmosphère respirée par les animaux. Cinquante grammes de ces glandes ont donné une anneau très net d'arsenic ».

Poursuivant son étude, M. Gabriel Bertrand a voulu savoir si l'arsenic se rencontre chez les autres animaux, et jusque chez les types les moins élevés en organisation ; si enfin « l'arsenic est un élément primordial de la cellule vivante comme le carbone, l'azote, le phosphore ».

Après l'exposition de ses nombreuses analyses suit un tableau les représentant et il conclut : (1).

« L'existence de l'arsenic, établie dans tous les « organes et chez tous les animaux examinés, « depuis les spongieux jusqu'aux vertébrés supé- « rieurs, apparaît dès lors comme tout à fait géné- « rale, indépendante à la fois du temps et des « lieux, des espèces et des tissus ».

« On est donc fondé à croire, en se plaçant au « point de vue physiologique, au rôle essentiel de « l'arsenic chez tous les animaux et les plantes et « à poursuivre l'étude de toutes les conséquences « qui peuvent se tirer de cette importante propo- « sition.

« On peut dire, en restant sur le terrain des faits « démontrés, que l'arsenic est un élément de la « cellule vivante aussi fréquent que le carbone, « l'azote et le phosphore et admettre comme

(1) *Annales de l'Institut Pasteur*, T. XVII, janvier 1903.

« résolu, au point de vue chimique, le problème de « l'arsenic normal dans l'organisme.

« Enfin, la médecine légale voit s'éclairer un « des points les plus obscurs de son domaine, « celui sur lequel ont eu lieu le plus de discussions.

» M. Armand Gautier a établi, comme on l'a vu « plus haut, qu'une petite quantité d'arsenic « existe chez l'homme dans la glande thyroïde, « qu'il y en a aussi des traces dans le cerveau, « dans la peau et ses annexes.

« Cette découverte contredite par divers savants, « se trouve aujourd'hui non seulement appuyée « par des faits d'une signification très générale « mais encore étendue à tous les tissus de l'écono- « mie. On peut dire que de très petites quantités « d'arsenic isolées du corps, même du tube digestif, « peuvent avoir une origine exclusivement nor- « male, on devra donc toujours, soit au cas de « recherches sur la diffusion ou la répartition de « l'arsenic, entreprises dans un but médical ou « autre, soit au cas d'expertises médico-légales, « baser ses conclusions sur des dosages de métal- « loïde et non pas, comme on l'a malheureusement « fait dans quelques circonstances, se contenter « de simples recherches qualitatives. »

Par suite de ces recherches, M. Gabriel Bertrand ayant été conduit à admettre l'existence de l'arsenic dans tous les tissus des animaux, au lieu de ne le voir localisé que dans certaines organes, en tira cette déduction : que si son hypothèse était exacte, il devait le retrouver aussi bien dans les cellules embryonnaires que chez l'adulte.

Conséquemment, dit-il, il doit en exister dans l'œuf des oiseaux où l'embryon est obligé d'accomplir tout son développement.

Encouragé par ce raisonnement, il a soumis les diverses parties de l'œuf à sa méthode d'analyses.

Les résultats ont été des plus concluants, toutes les parties de l'œuf contiennent de l'arsenic ; le jaune en est la partie la plus riche, le blanc vient ensuite puis la membrane coquillère qui, malgré son faible poids, en contient presque autant que le blanc.

Le lait de vache en renferme aussi.

De son côté, M. Armand Gautier en retrouve aujourd'hui dans le sel de cuisine, condiment indispensable à notre nourriture.

Voilà après 27 ans la réponse à la négation absolue et unanime de l'arsenic normal.

Erreur si préjudiciable aux débats du procès de 1878 et qui exerça une pression si néfaste sur l'esprit du Jury !

Nous ne pouvons moins faire que de reproduire ici la conférence faite par MM. Béhal et Jacques Dhur à la Salle des Agriculteurs de France, en avril 1902 (1).

CONFÉRENCE DE M. JACQUES DHUR.

« C'est en Nouvelle-Calédonie. Au hasard d'une promenade, à travers l'immense domaine agricole du pénitencier de Bourail, un grand diable, maigre, osseux, brusquement m'aborde, inclinant dans un sourire son front chauve. Avec une aisance parfaite, il se présente. C'est Danval, le pharmacien de la rue Maubeuge, condamné aux travaux forcés à perpétuité, pour empoisonnement de sa femme. Et voilà bientôt vingt-cinq ans qu'il est au bagne !

« Il dit cela très vite, dans une hâte qui balbutie, et un peu de honte monte du fond de lui-même, poussant le sang à sa face. Et son long corps qui se courbe, plaque sur les membres décharnés, l'étoffe étriquée des vêtements. Mais une énergie le redresse et, d'une voix affermie, il ajoute, sans affectation, simplement :

« — Pourtant, je suis innocent !...

« A sa prière, je l'accompagne chez lui, dans la petite ferme qu'il exploite là-bas, et, tous deux, durant de longues heures, nous causons et discu-

(1) Extrait du journal LA PHARMACIE FRANÇAISE, *du 15 mai* 1902.

tons devant les monceaux de paperasses, de mémoires, de journaux de l'époque. Et je m'en vais très troublé...

***

« Plus tard, j'ai relu, guidé dans ce travail par le savant docteur Galippe, de l'Académie de Médecine, les pièces relatives à ce procès fameux, et je n'ai pu me défendre d'un sentiment d'angoisse. Je me demande encore s'il est bien réel qu'on ait pu assister à de tels scandales !

« Et, bientôt, j'entreprenais dans *le Journal*, en faveur du malheureux Danval, la campagne qui, immédiatement, a eu un si gros retentissement dans le monde entier.

« On n'avait trouvé que des traces minimes d'arsenic dans les organes de la dame Danval.

« Les experts affirmaient avec une certitude absolue que l'arsenic ne se localisait pas, alors que des travaux, récents à cette époque, démontraient que cette substance se localisait dans le système nerveux et dans le foie.

« La proportion d'arsenic trouvée dans les organes par M. le professeur Bouis, chargé de la contre-expertise, était si faible, que le savant chimiste s'exprimait ainsi : « Nous évaluons, par comparaison, la proportion d'arsenic que nous avons obtenue, à une fraction de milligramme et celle contenue dans tout le corps à un milligramme, proportion bien plus faible que celle contenue dans un verre d'eau minérale de la Bourboule, par exemple ». Et M. Bouis ajoutait : « Dans le cours de nos recherches, nous n'avons rencontré, dans les organes, aucun autre corps toxique ».

« Les experts, tout en affirmant l'existence d'un empoisonnement, disaient qu'il n'avait été ni lent ni aigu, mais que c'était une forme excessivement rare, « *varietas* Danval ».

« Les rideaux du lit, rideaux de couleur, renfermaient une énorme quantité d'arsenic, employé dans l'industrie, sous forme d'arséniate d'alumine, pour fixer les couleurs d'aniline solubles. En présence de cette constatation, à la rigueur suffisante pour expliquer la présence des traces d'arsenic dans le foie de Mme Danval, les experts n'hésitaient pas à affirmer l'impossibilité absolue de la diffusion mécanique ou chimique du composé arsenical contenu dans l'étoffe, et ils certifiaient que cela « était tout aussi impossible que d'admettre que l'on puisse éprouver des accidents, en tenant à la main un flacon de verre fermé contenant une préparation arsenicale ! »

« Et, quant à l'autopsie de la victime supposée, elle avait été faite d'une façon incomplète. Certains organes avaient été mal étudiés, d'autres n'avaient pas été examinés du tout, et, suivant les besoins de la cause, les experts invoquaient tantôt l'état de conservation, tantôt l'état de décomposition de ces organes.

« M. le professeur Cornil a fait la critique de l'autopsie et a insisté particulièrement sur les omissions graves du procès-verbal des experts, et il concluait en disant : « Quand on voit la façon dont ces autopsies sont faites, on a honte pour son pays ! » Et il ajoutait : « L'autopsie a été incomplètement faite ; aux organes qui n'ont pas été examinés, il faut ajouter encore la vessie, la moelle épinière. On ne peut affirmer que Mme Danval n'est pas morte d'une maladie évoluant naturellement. Avec une aussi faible quantité d'arsenic trouvée dans les viscères, et en l'absence de toute lésion anatomique, il est impossible d'affirmer qu'il y a eu empoisonnement par l'arsenic ».

« M. Gallard, qui, à cette époque, occupait un rang distingué dans la médecine légale et qui était fréquemment appelé devant les tribunaux comme expert, n'avait pas hésité à prendre parti contre l'accusation, qu'il trouvait mal fondée et dénuée de preuves scientifiques. Sa déposition est une critique sévère de l'expertise.

« Pressé par les arguments de M. Gallard, l'un des experts avait dû reconnaître que le foie de Mme Danval n'était pas stéatosé ; puis, renonçant à cette forme aussi rare qu'innommée d'empoisonnement arsenical mixte (?), il avait admis l'empoisonnement lent. Or, disait M. Gallard, « s'il y avait eu empoisonnement lent, il aurait dû y avoir stéatose du foie, et, puisque le foie n'était pas gras, c'est qu'il n'y avait pas eu empoisonnement lent par l'arsenic ».

« La quantité d'arsenic contenue dans les organes disait encore M. Gallard, était si faible, « que l'on a pu à peine obtenir un semblant d'anneau, et que, pour avoir quelques taches de très petite dimension, sur une soucoupe, il a fallu attendre un temps fort long, *si long que deux des experts ont perdu patience et se sont retirés avant d'avoir vu se produire des taches, à peine apparentes, sur la présence desquelles ils ont plus tard établi toute leur argumentation* ».

« Et cependant, conclut le docteur Galippe, qui si aimablement m'a donné tous ces renseignements, Danval fut condamné aux travaux forcés à perpétuité, et il est encore au bagne ».

Puis, après un silence, comme creusant des souvenirs :

« — Oui, comment se peut-il que le jury ait négligé les constatations scientifiques de ce grand chimiste qu'était le « père » Bouis, pour ne retenir que les divagations d'un dément, comme ce Bergeron !... Car, enfin, depuis l'affaire de l'herboriste Moreau, cet inénarrable expert était absolument disqualifié... Et, tenez ! un fait qui le peint bien, — dans toute sa hideur morale : Moreau était accusé d'empoisonnement par le cuivre. Moi je soutenais — alors seul, contre tout le monde savant — l'innocuité des sels de cuivre. Eh bien !

ce Bergeron avait fait des expériences sur des chiens. Et, plus tard, j'ai su que la veille du procès, comme les chiens ne mouraient pas, — et pour cause, — il les avait fait tuer par le garçon du laboratoire, un certain Gaspard, que je vois encore d'ici. Naturellement, devant la Cour d'assises, énergiquement, il affirma qu'il y avait eu empoisonnement.

« — Parbleu ! vous ne saviez donc pas que c'était là toute sa science ?

« Et, avec stupeur, il m'écoute lui narrer cette petite anecdote — si suggestive — par laquelle je terminerai, d'ailleurs, cet article déjà long.

« Un jour, à une haute personnalité du monde médical qui, amicalement, le questionnait sur la difficulté et la délicatesse des fonctions d'expert médico-légal, Bergeron fit, comme étonné :

« — Mais, c'est très simple. Il s'agit de *savoir affirmer*.

« Et j'entends encore l'illustre professeur à la Faculté de médecine — à qui le propos fut tenu et qui me le rapportait — ajouter :

« — J'en ai eu froid dans le dos !...

« . . .Cependant, c'est sur un rapport de l'expert Bergeron que le pharmacien Danval a été envoyé au bagne...

JACQUES DHUR. »

A la suite de cet article, nous soumettons à la méditation de nos lecteurs quelques passages plutôt suggestifs que nous avons relevés dans le numéro 22 du *Progrès Médical*, année 1878, qui relate tout au long l'affaire Danval :

« A qui la faute ? Est-ce aux chimistes ? Non, nous venons de le prouver. Est-ce aux médecins experts ? *Oui, mille fois oui.*

. . . .

« C'est donc seul, au Dr Bergeron, que les critiques peuvent et doivent être adressées. Il a agi selon sa conscience, son serment le prouve, *mais il a négligé de faire complètement son autopsie.* Non seulement il n'a poursuivi dans chaque organe l'examen anatomique, mais encore il est des organes qu'il n'a même pas regardés ».

Il résulte de toutes ces considérations et des articles parus en 1878, aussi bien dans la presse que dans les organes spéciaux du monde médical, pharmaceutique et scientifique, que l'accusé n'a pas été condamné sur des preuves scientifiquement établies, mais bien sur des preuves morales qui, suivant le mot du professeur Cornil, ne « tenaient pas debout ». Or, il est bien entendu, qu'il ne suffit pas, ainsi que Bergeron l'a posé en doctrine, de *savoir* affirmer, encore faut-il *pouvoir* prouver.

P. B. et J. L.

L'AFFAIRE DANVAL [(1)]

L'affaire Danval passionnne le monde pharmaceutique, non seulement pour l'intérêt qu'on doit porter à notre malheureux confrère, mais encore pour l'enseignement qu'on peut en tirer. Il est regrettable qu'à notre époque l'affirmation d'un expert légiste soit comme une sentence contre l'accusé. C'est là, je crois, une opinion unanime : c'est celle de notre distigué professeur Béhal.

Aussi avons-nous cru qu'il serait du plus haut intérêt de publier la conférence qui a été faite par l'éminent toxicologue à la salle des Agriculteurs de France. Cette conférence, que nous avons fait sténographier, est un véritable document historique et scientifique. Elle amène le monde savant et judiciaire à conclure à l'erreur d'experts trop affirmatifs et à proclamer bien haut l'innocence de Danval, comme le fit notre sympathique professeur Béhal au milieu d'un tonnerre d'applaudissements.

P. Baudin

---

(1) Extrait du journal *La Pharmacie Française*, du 15 mai 1902.

Conférence de M. le Professeur Béhal

Mesdames, Messieurs,

Vous venez d'entendre la parole émue de M. Dhur vous retraçant les souffrances de l'infortuné Danval. Mon rôle sera plus restreint, car c'est sur le terrain scientifique que je me placerai.

Au lendemain de la condamnation de Danval, les critiques les plus vives s'élevèrent contre l'expertise de l'accusation. Les journaux médicaux et pharmaceutiques de l'époque, le *Journal des Connaissances Médicales*, le *Progrès Médical*, le *Répertoire de Pharmacie*, fournirent les arguments les plus fondés, et je n'ai eu qu'à y puiser pour pouvoir vous les présenter aujourd'hui. Je n'aborderai que la partie chimique de la question, et il est nécessaire d'exposer tout d'abord, pour être bien compris, quelques notions relatives à la recherche de l'arsenic et à son mode d'agir dans l'économie.

Lorsqu'on introduit dans un appareil à hydrogène une combinaison oxygénée de l'arsenic, il se produit une réaction : la combinaison est réduite et passe à l'état d'hydrogène arsénié. L'hydrogène arsénié est un corps gazeux ; il est entraîné avec l'hydrogène qui se dégage de l'appareil.

Si l'on enflamme le mélange des deux gaz,

l'hydrogène brûle au contact de l'air en donnant de l'eau, l'hydrogène arsénié fournit, lui aussi, de l'eau et de l'acide arsénieux ; si l'on écrase la flamme avec une soucoupe, de façon à la refroidir, l'hydrogène libre brûle encore en donnant de l'eau, mais, dans l'hydrogène arsénié, l'hydrogène seul est attaqué et l'arsenic se dépose sous forme métallique, en donnant des taches d'un brun marron ; si l'on chauffe le tube dans lequel passe le mélange des deux gaz, il y a encore décomposition : il se dépose un anneau d'arsenic, dû, cette fois, à la dissociation de l'hydrogène arsénié. Lorsqu'on veut faire ces expériences, on commence par faire marcher l'appareil à blanc et l'on s'assure qu'il n'y a pas de trace d'arsenic. On doit pour cela être prudent et attendre longtemps. Il faut au moins 20 minutes pour être sûr que l'appareil producteur d'hydrogène ne renferme pas d'arsenic. La flamme de l'hydrogène est à peu près incolore, et, quand on écrase cette flamme avec une soucoupe, il ne se forme pas de taches si l'appareil ne renferme pas d'arsenic ; si, au contraire, nous y introduisons — nous procédons ici beaucoup plus rapidement que dans une expertise — une quantité d'arsenic faible, 1 milligramme par exemple, en un temps variable dépendant essentiellement de la quantité d'arsenic, la flamme va changer de teinte : d'incolore qu'elle était, elle deviendra livide et, à ce moment, si nous l'écrasons avec une soucoupe, nous verrons se former les taches dont nous avons déjà parlé.

M. Béhal fait l'expérience.

Retenons ce fait précis et très net, que l'apparition des taches d'arsenic est en général d'autant plus tardive que la dose de ce poison est plus faible : c'est un argument qui nous servira tout à l'heure. Les taches ainsi obtenues sont faciles à caractériser ; elles sont, en effet, solubles dans de l'eau de javel ; elles s'attaquent par l'acide azotique et donnent de l'acide arsénique qui, neutralisé par l'ammoniaque, fournit avec l'azotate d'argent un précipité rouge brique d'arséniate d'argent.

Quelle dose d'arsenic peut-on retrouver ainsi ?

Elle est très faible ! 1/100e de milligramme se caractérise avec certitude.

Certains chimistes affirment retrouver 1/400 de milligramme, d'autres 1/500 de milligramme, d'autres enfin 1/1000 de milligramme.

Quoi qu'il en soit, voilà le procédé de recherche ; il est très sensible, on pourrait presque dire trop sensible.

Que devient l'arsenic introduit, en petite quantité, sous forme soluble dans l'économie ? L'arsenic introduit ainsi s'élimine. Il s'élimine tout d'abord par l'urine, par les déjections intestinales sous forme de sulfure d'arsenic, par la bile qui le rejette dans l'intestin, où il peut être absorbé de nouveau par la muqueuse intestinale, par la peau, par les poils, par les cheveux, etc. Mais, en même temps que l'arsenic s'élimine, et c'est là un fait capital, il se localise. Il se localise dans le foie, dans les reins, dans le cerveau, dans la moelle, et d'après les travaux faits par M. Scolosuboff, au laboratoire de M. A. Gautier, voici en chiffres ronds la répartition du poison dans les différents organes :

Si l'on prend pour unité la quantité d'arsenic contenue dans le muscle, le foie en renferme environ 11 parties ; le cerveau 36 parties et la moelle 37 parties.

Il y a bien eu quelques divergences d'opinions sur cette localisation, mais le nom de M. A. Gautier fait autorité en la matière.

Si l'arsenic est introduit en proportion plus considérable, il occasionne des troubles dans les organes où il se localise : le foie, le rein, le cœur subissent cette dégénérescence graisseuse dont vous parlait tout à l'heure M. Cornil, et sur une coupe on aperçoit nettement au microscope les globules graisseux. L'arsenic ainsi fixé ne demeure pas éternellement dans l'économie : soit par échange avec les liquides de l'organisme, soit par destruction des cellules qui doivent faire place à de nouvelles, cet arsenic sera rejeté, et l'on conçoit facilement que son élimination soit fonction d'un grand nombre de facteurs. Il faut considérer, en effet, la quantité ingérée, l'activité vitale et le tempérament de l'individu.

Dans un empoisonnement par la liqueur de Fowler qui n'a pas été suivi de mort, on retrouva dans l'urine l'arsenic jusqu'au 43e jour. Et cela ne veut pas dire qu'à partir de ce moment le corps humain fut complètement dépourvu d'arsenic. Il se peut que le foie ait renfermé encore des quantités notables d'arsenic et que cet arsenic ne fut éliminé qu'à des doses trop faibles pour pouvoir être retrouvées. Il y a, en effet, comme nous l'avons vu, une limite dans cette recherche.

Mais, si l'arsenic se localise, il a encore une autre propriété non moins importante : la propriété accumulative. Si un homme absorbait, par exemple, tous les jours, 1 milligramme d'arsenic, il pourrait se trouver un jour, peut-être assez rapproché, où le foie renfermerait plus d'arsenic que la dose ingérée journellement, plus de 1 milligramme dans le cas considéré.

Quelle est la dose d'acide arsénieux capable d'amener la mort d'un adulte ?

Cette dose n'est pas bien définie. Elle varie évidemment avec les modes d'absorption, avec le tempérament de l'individu et avec une foule d'autres conditions. On admet qu'elle oscille entre 7 centigrammes et 20 centigrammes. Mais ce sont là des chiffres qui ne veulent pas dire grand chose. Il suffit, pour vous le démontrer, de donner quelques exemples que l'on trouve dans les livres classiques. Le Dr Fuster a soigné des malades atteints de fièvres pernicieuses auxquels il donnait de l'acide arsénieux ; l'un des malades prenait journellement 6 centigrammes d'acide arsénieux ; l'autre 8, et le troisième 12, et cela pendant 7 jours de suite sans qu'il y ait eu intoxication. Ce sont là des doses qui, répétées, devraient être considérées comme dangereuses d'après ce que nous avons dit plus haut. Le Dr Mathieu a soigné un homme qui, pendant 20 ans, a pris journellement 3 ou 4 centigrammes d'acide arsénieux sans éprouver aucun accident. Enfin, il convient de mentionner les arsénicophages. On a cité surtout dans les Alpes autrichiennes, en Styrie, des montagnards qui prennent de l'acide arsénieux en quantité considérable. Cet acide arsénieux excite leur vigueur, les aide à respirer dans les ascensions, leur donne de l'entrain pour le travail, et leur fournit de la puissance génitale. Les femmes de ce pays, en prennent, mais dans une autre intention, pour donner de la fraîcheur, de la clarté à leur teint. Or, les doses de poison absorbées par les arsénicophages sont considérables : elles atteignent 40 centigrammes par jour. Et il y a pour cela un exemple irréfutable. Au Congrès médical de Gratz, en 1875, un homme, un arsénicophage absorba *coram populo* 40 centigrammes d'acide arsénieux sans en éprouver aucun accident ; un autre ingérait 30 centigrammes d'orpiment sans être incommodé. Par conséquent, on peut s'habituer à l'arsenic, et on ne peut donc pas dire aujourd'hui quelle est la dose d'arsenic qui tuerait telle ou telle personne.

Entrons maintenant dans le sujet.

Les experts de l'accusation et l'expert de la défense, le père Bouis, comme on le nommait alors, pour indiquer à la fois le respect et la sympathie qu'on avait pour lui, les experts, dis-je, sont d'accord sur ce fait qu'il y a de l'arsenic dans le corps de Mme Danval. Je ne puis faire mieux que de citer le texte même de l'éminent toxicologue Bouis. Bouis trouve de l'arsenic « *à l'état de trace infinitésimale dans l'intestin ; sa présence dans l'estomac est douteuse et le foie en renferme en quantité extrêmement faible* ». Il ajoute, en faisant l'évaluation par comparaison, que la dose totale d'arsenic contenue dans tout le corps de Mme Danval est d'environ 1 milligramme. Les experts de l'accusation n'ont pas fait de dosage, mais ils contestent ce chiffre et évaluent la dose retrouvée à 3 ou 4 milligrammes. Cependant, si l'on en juge par ce qu'on lit dans le *Journal des Connaissances Médicales* et dans le *Progrès Médical*, on peut se rendre compte facilement que la dose d'arsenic contenue dans le corps de Mme Danval était excessivement faible. En effet, *j'ai insisté*, en parlant de la recherche de l'arsenic, sur *l'apparition des taches, qui est d'autant plus longue que la quantité d'arsenic est plus petite*. Or, ces journaux mentionnent que *deux des experts n'ont pas eu la patience d'attendre la production des taches,* ce qui prouve bien que l'apparition de ces taches a *dû être tardive,* et que, par conséquent, il y avait *extrêmement peu d'arsenic.*

Les experts et le contre-expert trouvent donc que la dose d'arsenic était très faible.

D'où vient cet arsenic ?

Les experts et le contre-expert sont d'accord sur ce fait que l'arsenic n'existe pas normalement dans le corps de l'homme. Les experts de l'accusation disent textuellement : « *Nous ferons remarquer d'abord que l'arsenic n'existe pas normalement dans l'organisme. Le fait est admis et soutenir le contraire serait rendre à l'avenir impossible toute recherche toxicologique* ». Voici une assertion admise par les experts, aussi bien par ceux de l'accusation que par celui de la défense. Or, aujourd'hui, elle est controuvée, et cela pourra servir comme document lorsqu'on voudra indiquer dans quelle réserve doit se tenir un expert.

En 1899, M. Armand Gautier, membre de l'Institut et membre de l'Académie de Médecine, a montré, en effet, que l'arsenic est un produit normal de l'organisme humain, et que non seulement il est normal, mais qu'il est indispensable à son bon fonctionnement. — *Applaudissements.*

M. Gautier a trouvé de l'arsenic dans la glande thyroïde, et je vais vous dire quelques mots sur le procédé qui a permis de l'isoler et de déterminer la combinaison dans laquelle il se trouve engagé, parce que cela pourra peut être éclairer le mécanisme de la localisation de l'arsenic dans l'économie. M. Gautier prend la glande thyroïde et la fait digérer par la pepsine. Dans ces conditions, la transformation des albumines produit de la peptone qui est soluble. Si l'on filtre les produits de la digestion, la peptone qui passe ne renferme pas de traces d'arsenic; les résidus, au contraire, en contiennent. M. Gautier va préciser quelle est la combinaison qui le renferme. Pour cela, il prend les résidus de la digestion ; il les met en contact avec de l'ammoniaque étendue de 40 fois son volume d'eau, et il chauffe à la température de 38e ; une partie de la substance alors se dissout ; on filtre le produit de cette macération, et la liqueur limpide neutralisée par l'acide acétique forme un précipité connu couramment sous le nom du nucléine. Ce précipité renferme de l'iode et de l'arsenic. L'arsenic fait donc partie intégrante de la molécule de cette nucléine.

Quelle est la quantité d'arsenic contenue dans la glande thyroïde humaine ? M. A. Gautier trouve que cette glande renferme 17 100e de milligramme d'arsenic; c'est, vous le voyez, une dose très faible. Non seulement l'arsenic existe dans la thyroïde, mais on le découvre encore dans la peau, dans les poils, dans les cheveux; on le trouve parfois dans le cerveau. M. Gautier l'a caractérisé en quantité relativement grande dans la glande mamellaire. Ainsi 100 grammes de mamelle d'une vache de quatre ans en renferment 13/100e de milligramme. Par conséquent, l'arsenic existe dans le corps de l'homme et est nécessaire au bon fonctionnement de l'organisme. Ceci contredit l'opinion de tous les experts.

Puisque l'arsenic existe dans le corps de l'homme, puisqu'il est indispensable au bon fonctionnement des organes, cherchons quelles sont les sources auxquelles l'économie peut le puiser.

Elles sont extrêmement nombreuses et les expériences qui ont été faites à ce sujet sont antérieures à celles de M. Gautier. M. Stein, en 1850 et en 1851, a montré qu'un grand nombre de substances alimentaires renferment de l'arsenic. Il cite le seigle, les pommes de terre, les navets, les choux, etc. M. Gautier, depuis, a signalé que le laít contient de petites quantités d'arsenic. Voilà donc les sources normales de l'arsenic. Indépendamment de celles-ci, il faut tenïr compte des sources anormales, et je les diviserai en quatre groupes : médicaments, aliments, produits de toilette, poussières.

Les médicaments arsénicaux introduisent naturellement de l'arsenic dans l'économie. Je n'en parlerai point. Mais à côté des médicaments connus qui renferment de l'arsenic, d'autres peuvent accidentellement renfermer de petites proportions de cet élément. On peut citer le sous-nitrate de bismuth, le phosphate de chaux, le sulfate de soude, les dérivés de l'antimoine, etc., où l'on a signalé parfois de l'arsenic. Voilà pour les médicaments.

Avant d'étudier les aliments, il faut envisager d'abord les instruments qui servent à les préparer, et ici nous trouvons encore des sources d'arsenic : l'étain qui sert à étamer les casseroles renferme souvent de l'arsenic ; l'émail des instruments de cuisine en contient également ; enfin, les verres qui servent à absorber les boissons en renferment aussi. Du reste, les verriers utilisent constamment de l'acide arsénieux pour préparer leurs verres.

Voyons les aliments eux-mêmes.

D'abord le pain et les pâtes alimentaires. Si le pain et les pâtes alimentaires renferment de l'arsenic, cela provient du blé. Examinons si le blé peut renfermer de l'arsenic. Les céréales qui ont crû sur une terre arsenicale peuvent renfermer des proportions d'arsenic parfois considérables, et je vais vous en donner un exemple tout récent, qui ne s'applique pas au blé, mais à l'orge. J'ai trouvé la relation de ces expériences dans la *Revue générale des Sciences pures et appliquées* du 30 mars 1901. M. Collins, un savant anglais, a communiqué à la Société anglaise des Industries chimiques le fait suivant : il prend de la terre, l'introduit dans des pots ; il l'enrichit artificiellement, tantôt en arsenic seul, tantôt en arsenic et en superphosphates, et il y sème des grains d'orge. Il examine ensuite par l'analyse ce qui se passe lorsque la récolte a été faite. Les résultats auxquels M. Collins arrive sont suggestifs. Il trouve, en rapportant le tout à l'acre, que les grains d'orge venus sur cette surface renferment 4 onces d'arsenic. Or, l'acre anglais correspond sensiblement à 4/10es d'hectare ; l'once anglaise vaut 31 grammes, et en calculant d'après les documents statistiques, j'ai trouvé que la récolte moyenne en France était de 18,5 hectolitres d'orge à l'hectare. En admettant que le poids de l'orge soit de 65 kilogrammes, on trouve le chiffre formidable de 25 grammes d'arsenic par 100 kilogrammes d'orge. En prenant le rendement maximum de 70 hectolitres à l'hectare et le poids de 72 kilog., qui est la récolte la plus considérable et le poids le plus élevé qui aient été enregistrés, on trouve encore un chiffre de 6 grammes d'arsenic par 100 kilogrammes.

Il est heureux pour nous que la terre où pousse le blé ne soit pas arsenicale. Cependant, il faut mentionner que les superphosphates qu'on utilise aujourd'hui dans la culture des céréales peuvent renfermer de l'arsenic provenant de l'acide sulfrique qui a servi à leur préparation. Malgré cela, M. Armand Gautier, en analysant récemment du pain, n'y a pas trouvé d'arsenic, mais il est intéressant de signaler qu'en faisant porter les recherches sur les déjections intestinales d'un homme qui n'avait jamais pris d'arsenic, il a trouvé, en opérant sur 260 gr. une trace faible de cet élément.

A côté des pâtes alimentaires, il faut mentionner la glucose, qui est très souvent arsenicale, étant préparée avec de l'acide sulfurique impur. A ce propos, je vous rappellerai qu'il y a deux ans, en Angleterre, un grand nombre de personnes furent empoisonnées pour avoir bu de la bière. Cette bière était préparée avec de la glucose, qui renfermait de l'arsenic, d'où absorption d'une quantité variable d'arsenic par les personnes buvant cette bière. La glucose est parfois employée dans la préparation des confitures, où elle remplace une bonne partie du sucre, et elle constitue presque à elle seule ce que l'on désigne sous le nom de sirop de gomme, utilisé dans les cafés pour édulcorer l'absinthe.

Voilà donc pour les aliments.

Voyons maintenant les produits de toilette.

Il y en a plusieurs dans lesquels on a constaté parfois de l'arsenic ; la poudre de riz renferme des sels de bismuth qui peuvent être arsénicaux, et récemment on a signalé dans la glycérine, la présence de ce poison due vraisemblablement à l'acide sulfurique qui sert à sa préparation.

Il reste maintenant à examiner les poussières des appartements. Je réserverai cette question pour tout à l'heure, parce qu'elle est le point brûlant de l'expertise.

Voilà les sources où l'économie peut prendre normalement ou accidentellement de l'arsenic.

Examinons maintenant la localisation.

Les premiers experts disent textuellement, à propos de la localisation de l'arsenic : « *L'arsenic introduit dans l'organisme n'a pas,* COMME LE CUIVRE, *et peut-être d'autres poisons, la propriété de se localiser et de rester dans certains organes en proportions infinitésimales, il est vrai, de telle façon que s'il est possible d'admettre qu'accidentellement, à une époque plus on moins éloignée, il y a eu introduction de très petites quantités d'arsenic, l'élimination se faisant rapidement, surtout par les urines, il n'en pourrait rester aucune trace appréciable, c'est ce que l'expérience démontre et permet d'affirmer avec une certitude absolue* ».

« Nous allons voir ce qu'oppose à ces affirmations précises le professeur Bouis. Voici sa réponse : « *Admettre que l'arsenic ne se localise pas, c'est commettre une erreur grossière et se mettre en contradiction avec tout ce qui a été connu depuis quarante ans. On sait très bien que l'arsenic se trouve dans le foie, dans le cerveau, en quantité plus forte que dans d'autres organes.*

Les experts d'ailleurs reconnaissent eux-mêmes, dans un autre rapport, que l'arsenic se répand jusque dans le cerveau, qui contient une notable proportion d'arsenic (A. GAUTIER).

Je compléterai la citation faite par les experts, en ajoutant que d'après les expériences faites par le Dr Scolobusoff au Laboratoire de la Faculté de

Médecine sous la surveillance de M. A. Gautier, lorsque 100 parties de chair musculaire en contiennent 1 partie, la même quantité de foie en renfermera 10, le cerveau 36, la moelle 37.

Il n'est pas nécessaire d'insister plus longtemps sur ce point, qui est indiscútable, et nous ne pouvons nous expliquer cette erreur des experts qu'en supposant qu'ils n'attribuent pas au mot « localisation » le sens qui est généralement admis. »

M. Bouis tend ainsi, pour employer une expression vulgaire, la perche aux autres experts ; il leur prépare une échappatoire. Nous allons voir leur réponse à l'expertise de M. Bouis.

« *Tout d'abord, M. Bouis prétend relever une erreur grossière que nous aurions commise en niant la localisation de l'arsenic, et il cite le parsage suivant du rapport chimique du 13 novembre* :

« *L'arsenic introduit dans l'organisme n'a pas, comme le cuivre et peut-être d'autres poisons, la propriété de se localiser et de rester dans certains organes, en proportion infinitésimale, il est vrai.* »

« *Suivant lui, nous refuserions à l'arsenic la propriété de se localiser, et nous serions en contradiction, sur ce point, avec tout ce qui a été connu depuis quarante ans. Mais notre honorable contradicteur n'a pu arriver à nous prêter une semblable opinion, qui n'a jamais été la nôtre, qu'en séparant l'un de l'autre les deux termes d'une expression, qui étaient indissolubles dans notre pensée comme ils le sont dans le texte du rapport. Nous n'avons pas dit : « L'arsenic n'a pas la propriété de se localiser », nous avons écrit : « l'arsenic n'a pas la propriété de se localiser et de rester dans certains organes ». En d'autres termes nous avons fait allusion à la permanence et à la fixation pour un temps indéterminé de certains poisons dans quelques organes. C'est là ce que tout esprit non prévenu comprend par l'expression : « la propriété de se localiser et de rester dans certains organes » que nous avons employée.*

« Nous protestons donc contre l'interprétation erronée de ce passage de notre rapport et admettons la localisation temporaire de l'arsenic dans les organes, mais nous ne croyons pas à sa fixation pour une durée illimitée. En cela, nous sommes d'accord avec tous les auteurs. Il semble du reste, que M. Bouis ait bien senti la faiblesse de son argument, car un peu plus loin il s'exprime ainsi : « Nous ne pouvons nous expliquer cette erreur des experts qu'en supposant qu'ils attribuent au mot « localisation » un autre sens que celui qui est généralement admis ».

« En ne séparant pas l'une de l'autre les deux expressions que nous avons réunies, M. Bouis se fût épargné la peine de cette demi-rectification. »

En somme, il résulte de ce débat que les experts, dans leur premier rapport, paraissent ignorer que l'arsenic se localise. Eclairés par la protestation de Bouis, ils reviennent sur leur première déclaration, mais sans pouvoir effacer leur erreur du début, car ils ont mis en antagonisme le cuivre et l'arsenic, qui ont au contraire les mêmes processus de localisation.

D'où vient l'arsenic contenu dans les viscères de Mme Danval ?

Les experts ont soigneusement cherché la porte d'entrée : ni les aliments, ni les médicaments que prenait Mme Danval ne renfermaient d'arsenic. Ils ont cherché la porte de sortie : ni les déjections, ni les taches sur les tapis, sur les couvertures, sur les vêtements, ni les râclures du parquet ne renfèrmaient d'arsenic. Et il semble évident que si, à un moment donné, Mme Danval avait éprouvé des symptômes d'empoisonnement par l'arsenic, alors qu'il y avait un phénomène aigu, c'est-à-dire suivi de vomissements, ces vomissements devaient contenir de l'arsenic. Or, sur les taches qui ont été faites par ces vomissements, on ne trouve nulle part trace d'arsenic.

On trouve de l'arsenic dans l'appartement de Mme Danval, et seulement dans le rideau qui ferme l'alcôve. Ce rideau en renferme une quantité très notable, 1,08 gramme par mètre carré, comme le montre le dosage, ce qui donne pour la surface totale 28 grammes d'arsenic, correspondant par le calcul à 36 grammes d'anhydride arsénieux, à 36 grammes de « mort-aux-rats ».

Que disaient les experts relativement à ce rideau ? Je vais vous lire textuellement ce qui est écrit dans le rapport : « *Nous avons constaté qu'il existe de l'arsenic dans la portion colorée du rideau : Il n'y a pas d'arsenic dans la doublure ni la bordure de ce rideau. Cet arsenic provient vraisemblablement de l'arséniate d'alumine employé comme mordant ; ce mordant, intimement combiné à la trame du tissu, ne peut être séparé et c'est cette combinaison intime de la fibre textile, du mordant et de la matière colorante, qui constitue à proprement parler la teinture. Il faudrait, pour qu'une pareille étoffe pût être la cause d'accidents, qu'elle fût en contact prolongé avec la peau elle-même, contact qui amènerait d'abord une action irritante locale, une éruption. L'absorption de l'arsenic serait consécutive à cette altération de la peau. Il est impossible d'admettre qu'un individu dormant dans un lit fermé par des rideaux de cette nature, alors surtout que la doublure seule ferme directement l'alcôve, puisse absorber même des traces infinitésimales d'arsenic. Cela est tout aussi impossible que d'admettre que l'on puisse éprouver des accidents en tenant à la main un flacon de verre fermé et contenant une préparation arsénicale* ». Voilà une affirmation précise.

D'autre part, on ne trouve pas d'arsenic dans les poussières de la chambre.

De quoi sont composées les poussières d'un appartement ? Elles sont composées de toutes les particules qui se détachent de l'ameublement, et ce sont les débris détachés des étoffes qui constituent la majeure partie de ces poussières. Il suffit de vous rappeler un exemple bien connu : Lorsqu'on balaye sous un lit, c'est un amas floconneux que l'on récolte, une bourre formée surtout de débris d'étoffes. Il suffit pour s'en convaincre de les examiner au microcope. Par conséquent, les poussières d'un appartement clos sont constituées essentiellement par des débris d'étoffes. Or, un rideau d'alcôve teint ou mordancé au moyen de l'arsenic renferme de l'arsenic dans toutes ses parties, et comme les fibrilles qui s'en détacheront emporteront avec elle de l'arsenic, l'atmosphère de la chambre en contiendra, par conséquent, à l'état de suspension, une certaine quantité. C'est là un fait indéniable, et je ne crois pas que l'on puisse trouver à l'heure actuelle un chimiste au courant des teintures arsénicales qui puisse avoir une autre opinion. Il y a quelque chose de stupéfiant dans l'analyse : c'est de constater qu'on n'ait pu trouver trace d'arsenic dans les poussières de l'appartement, étant donné que l'analyse a porté sur plus de 2gr. 50.

Le rideau de l'alcôve était, à cause de sa situation même, sujet à recevoir des mouvements, des heurts, et par conséquent à céder de son tissu, la malade étant couchée. Il y a donc de l'arsenic en suspension dans l'air.

On pourrait croire à première vue, — et il semble que l'expertise se soit basée sur ce fait, — que cet arsenic en suspension dans l'air doit aller dans les poumons. Il n'en est rien : c'est dans l'estomac ou l'intestin qu'on le retrouvera.

Si l'on projette, en effet, un courant d'air sur une lame enduite d'un liquide, on observe qu'elle retient la majeure partie des substances en suspension, et le principe de cette méthode a été utilisé, soit pour enlever les substances solides de l'air, soit pour recueillir les microbes qui y sont contenus. Lorsqu'on respire par la bouche, l'air vient frapper la partie supérieure du palais humecté, et la majeure partie des poussières s'y dépose : l'air se réfléchit sur la base de la langue humide qui pourra arrêter celles qui ont échappé ; la bouche retiendra donc les particules en suspension dans l'air. Dès lors, quand on ingurgitera quelque liquide ou quelque solide, ces substances passeront dans l'estomac, et ensuite dans l'intestin. Si l'on respire par le nez, c'est dans les fosses nasales et dans l'arrière-bouche que ces substances se fixeront et elles pourront encore passer en partie dans l'estomac. Du reste, il est possible qu'indépendamment des observations que je viens de signaler, des réactions chimiques compliquées se produisent entre la substance arsénicale et le tissu qui la supporte, réactions qui pourront donner naissance à des produits gazeux tels que l'hydrogène arsénié, etc. L'hydrogène arsénié pénètrera à l'état gazeux dans les poumons, sera absorbé par le sang et après avoir subi des transformations, sera éliminé en partie et en partie localisé.

Ici je viens d'émettre une hypothèse. Je vais en trouver la presque confirmation dans des faits relatifs non pas à des tapisseries en étoffe, mais à des papiers de tenture. Je me suis appliqué à ne rechercher que des exemples antérieurs au procès, de façon à montrer que ces choses étaient dans le domaine scientifique, et voici ce que j'ai trouvé : Hamberg fit passer de l'air provenant d'une chambre tapissée avec du papier coloré en vert, à travers une série de tubes contenant du nitrate d'argent. L'orifice du premier tube étant fermé avec du coton, il constata que très rapidement le nitrate d'argent avait noirci et qu'il s'était formé un précipité; le liquide filtré, neutralisé par l'ammoniaque, donna un précipité d'arsénite d'argent. Il en déduisit que l'air renfermait de l'hydrogène arsénié. Le coton, détruit lui-même par les procédés classiques, manifesta les réactions de l'arsenic ; ce qui montre qu'il y en avait en suspension dans l'air ; Hamberg a opéré sur 2160 litres d'air ; or, comme un homme fait passer dans ses poumons en vingt-quatre heures environ 10,000 litres d'air, on comprend facilement qu'on puisse, de ce chef, absorber une quantité très notable d'arsenic.

Voici maintenant une observation relative à des étoffes. Elle est de 1875 et a été donnée par le docteur Riedel : Une femme ayant travaillé à de la tarlatane teinte en vert éprouva les symptômes d'un empoisonnement aigu par l'arsenic. Elle fut malade pendant très longtemps ; elle ne succomba pas. Sa fille, qui travaillait non loin d'elle, eut également des symptômes d'empoisonnement aigu ; elle eut des accidents graves, des vomissements, de la diarrhée, etc., et cependant elle était éloignée de sa mère d'une distance respectable.

Voilà donc des faits précis. Ils sont antérieurs au procès. Et si l'on doute encore que les papiers et les étoffes teints à l'arsenic puissent donner naissance à des empoisonnements, il suffit de se reporter au dictionnaire de Dechambre, qui porte la date de 1877, à l'article « *Arsenic* ».

Je passe tout ce qui est relatif au papier et je n'envisage que les étoffes colorées par les substances arsénicales.

Après avoir relaté des accidents survenus chez des couturières ayant travaillé à de pareilles étoffes, le dictionnaire dit :

Des phénomènes analogues à ceux qu'ont présenté les couturières se sont manifestés chez des dames qui avaient porté ces robes, le plus ordinairement dans des bals, où les mouvements de la danse favorisaient la dispersion des poussières.

Voyons maintenant ce que dit la sagesse des nations, représentée par les lois en vigueur antérieurement au procès. La Suède, par une ordonnance du 7 janvier 1876, a proscrit l'introduction et l'usage des étoffes contenant de l'arsenic; l'Autriche, l'Italie, la Russie ont fait cette même prohibition, et beaucoup d'autres pays les interdisent également. En France, il n'y a pas de prohibition. Mais, d'après la circulaire du 16 août 1860, maintes fois rappelée, il y a une prescription relative à l'emploi de l'arsenic et les fabricants et les marchands de substances contenant de l'arsenic sont responsables au point de vue pécuniaire et au point de vue correctionnel.

Ainsi donc les avis sont unanimes. Les étoffes teintes au moyen d'arsenic ou mordancées à l'arsenic peuvent provoquer des empoisonnements. Alors comment comprendre l'affirmation des experts ?

Ce sont vraisemblablement les rideaux que l'on doit considérer comme la source de l'arsenic trouvé dans le corps de Mme Danval, et Bouis l'a nettement indiqué. En effet, les experts n'ont trouvé d'arsenic ni dans les aliments, ni dans les médicaments que prenait Mme Danval. Ils n'en ont pas trouvé dans ses déjections, ni dans les taches sur le rideau, sur le tapis, sur les vêtements, ni dans les râclures du parquet, ni dans les déjections cadavériques. D'après eux, il n'y a point de porte d'entrée, il n'y a point de porte de sortie. Et pourtant on comprend très bien que l'arsenic, pénétrant par les voies que nous avons indiquées, puisse, en passant dans l'intestin, exister en quantité suffisante pour être trouvé par l'analyse.

En résumé, en nous plaçant exclusivement au point de vue chimique, l'expert ne peut que formuler les conclusions suivantes :

Le corps de Mme Danval renferme de petites quantités d'arsenic. La présence dans la chambre de la malade d'un rideau de lit mordancé à l'arsenic et contenant des proportions considérables de cet élément, sous forme d'arséniate ou d'arsénite, suffit à expliquer la présence de petites quantités d'arsenic dans son cadavre.

« On n'a point trouvé d'arsenic dans ses médicaments ; on n'en a pas davantage trouvé dans ses déjections. Dès lors au point de vue chimique, rien n'autorise à supposer que Mme Danval a pu être empoisonnée par de l'arsenic ».

Pour montrer que ces conclusions sont bien naturelles, et c'est par là que je terminerai, je citerai l'opinion exprimée sur l'affaire Danval par le grand Larousse à l'article « Affaire Danval » : *L'accusation faute de preuves matérielles en fut donc réduite à s'appuyer sur les preuves morales qui étaient accablantes pour Danval ; mais il bénéficia des circonstances atténuantes que le jury crut devoir lui attribuer, et après les discussions contradictoires soulevées par les sommités médicales, il ne fut condamné qu'aux travaux forcés à perpétuité.*

Je vous laisse juges de savoir si des preuves

morales doivent suffire pour faire condamner un homme aux travaux forcés ? !

(Applaudissements, bravos, Vive Béhal !)

Après la Conférence

C'est avec un sentiment de fierté bien naturel et une satisfaction d'âme, qui accompagne si heureusement le devoir accompli, que nous annonçons à nos lecteurs l'heureuse issue de notre campagne en faveur de ce pauvre Danval.

M. le Président de la République a, en effet, bien voulu donner audience à MM. Trarieux, et Cornil, sénateurs, Jacques Dhur, *du Journal*, Béhal, professeur de toxicologie à l'Ecole Supérieure de Pharmacie de Paris, Audistère et Lafont représentant le Syndicat général des Pharmaciens de France, Baudin, président et Laribe, vice-président de l'Association amicale des Etudiants en Pharmacie de France.

M. le Président de la République leur a annoncé, qu'après examen minutieux du dossier de ce pharmacien si injustement condamné, il se faisait un devoir d'accorder la grâce de ce malheureux supplicié.

Dans notre dernier numéro, nous avions prévu cette bonne nouvelle en faisant appel à tous les cœurs généreux pour subvenir à la vie future de ce réhabilité.

Cet appel n'a pas été vain, etc.

A l'Ecole de Pharmacie

A l'ouverture du cours de toxicologie, les étudiants en pharmacie ont fait une ovation à M. le professeur Béhal.

Dans une improvisation émue, M. Béhal a remercié les étudiants de leur touchante manifestation :

« Ce n'est pas à moi que s'adressent tout entiers vos applaudissements. Ils vont aux pionniers de la première heure, aux Bouis, aux Gallard, aux Cornil, qui proclamèrent avec le seul souci de la justice, l'*innocence de Danval.*

« Ces applaudissements me reportent vers une affaire dans laquelle j'avais, moi aussi, il y a quelques années, pris parti pour la vérité et la justice. Je ne reçus alors que des injures et des coups ; mon cœur n'en a point conservé d'amertume. Je n'ai jamais désespéré de la jeunesse studieuse ; car, comme le rappelle le monument qui s'élève dans le jardin de notre Ecole, elle sait quand il le faut, mourir pour la liberté.

« Sa devise est immortelle comme elle : Toujours plus de vérité et de justice ».

Comme M. le Professeur de toxicologie Béhal, membre de l'Académie de Médecine qualifie de *Point Brûlant* la question des rideaux et des poussières de l'appartement de Mme Danval ; nous pensons très intéressant de lui donner comme appui un rapport fait par M. Armand Gautier, membre de l'Institut et de l'Académie de médecine, au sujet, précisément, de tentures soupçonnées arsénicales et nocives.

On verra quelle a été son opinion pour les tentures d'une pièce de mêmes dimensions que la chambre à coucher de Mme Danval, tentures qui renfermaient des doses d'arsenic (1,000) mille fois moins fortes que celles retrouvées dans les rideaux de la dite chambre à coucher.

RAPPORT

DE M. ARMAND GAUTIER A M. LE PRÉFET DE POLICE DE LA SEINE

Monsieur le Préfet,

Au mois de septembre 1900 vous m'informiez qu'une plainte avait été envoyée à votre Administration par M. G..., médecin vétérinaire, qui vous faisait savoir que lui, sa famille et ses domestiques, avaient été pris, à deux reprises différentes, de troubles de santé, en particulier de troubles gastriques, depuis l'époque où il était venu occuper à S., l'appartement qu'il habitait. Le fait que cet appartement était tendu d'étoffes de laine vertes et rouges, fit craindre à M. G., d'être victime d'un empoisonnement chronique dû à l'arsenic pouvant être contenu dans ces tentures. Elles furent examinées par moi avec soin et j'y trouvai, en effet, *une trace* d'arsenic.

Je concluais, dans mon Rapport au Conseil (séance du 12 octobre 1900), que je ne pouvais penser que l'arsenic resté sur ces étoffes,sans doute à la suite de leur préparation, fit courir quelque danger et fût la cause, en particulier, des troubles de santé observés dans la famille de M. G... Ce poison ne saurait, en effet, agir sur l'économie que par ses poussières, ou sous la forme des gaz délétères dans lesquels il peut être transformé, soit au contact de la matière organique, soit surtout par l'intermédiaire des moisissures. On sait que les vapeurs et les gaz arsenicaux sont, en effet, très vénéneux, même à faibles doses. Dans l'hypothèse de poussières minérales provenant des tentures, celles-ci ne pourraient être dangereuses, ces poussières ne contenant qu'une partie très minime de la totalité de l'arsenic, totalité qui représente, au maximum, *à peine quelques milligrammes de ce métalloide pour toute une pièce.* La quantité *qui pourrait être ainsi absorbée par les poussières* est donc au plus de l'ordre de grandeur de celles que nous recevons tous les jours avec nos aliments. A l'état de gaz arsenicaux, forme sous laquelle l'arsenic est beaucoup plus actif, les traces d'arsenic pourraient présenter, sans doute, plus de dangers ; mais ce métalloïde se reconnaît, même en quantités extraordinairement minimes, à l'odeur alliacée de ses composés (1). Il est vrai que les recherches

(1) La chambre à coucher de Mme Danval communiquait par une porte unique avec la pharmacie dont la

de Fleck, Gorio, Selmi, Schmidt et d'autres, ont établi que l'action des moisissures pouvait mobiliser l'arsenic et le dégager à l'état d'hydrogène arsenié ou d'arsines, mais il n'a jamais été démontré qu'un empoisonnement authentique se soit jamais ainsi réalisé. D'autre part, dans le cas particulier auquel nous faisons allusion plus haut, il n'avait été signalé ni moisissures, ni aucune odeur alliacée dans les pièces habitées par M. G., et dans ces conditions il n'y avait aucune raison de penser que les craintes du plaignant fussent fondées.

Mais, en terminant mon Rapport, je *concluais qu'il serait sans doute utile de poursuivre l'étude de cette question, de la généraliser et de rechercher avant tout, d'une façon plus complète*, si les étoffes

---

porte faisait face à celle-ci ; entre ces deux portes dont l'une toujours ouverte, (celle de la pharmacie) — qui n'était fermée que par un rideau, — était un espace d'un mètre cinquante centim. environ qui était la continuation de la salle à manger. A l'opposé, au bout de cette salle à manger qui n'était qu'un réduit irrégulier, se faisait la cuisine sur plusieurs fourneaux à gaz. On sait quelles odeurs fortes dégagent une pharmacie et une cuisine surtout lorsque dans celle-ci on vient à employer de l'ail ; il eut donc été impossible (en ne s'y attendant pas), de remarquer cette odeur aliacée dont parle M. Ar. Gautier, et de la distinguer d'un mélange de telles autres odeurs.

Il est inutile d'ajouter qu'il est question d'un rez-de-chaussée, communiquant avec le sous-sol, voisin des caves, et dont la trape était toujours ouverte, d'où humidité habituelle. — L. D.

ou papiers que fournit l'industrie sont ou ne sont pas arsenicales, et *dans l'affirmative, dans quelle mesure.*

A la suite de cette communication, vous avez bien voulu, Monsieur le Préfet, faire prélever par le Laboratoire municipal un certain nombre d'échantillons de papier et d'étoffes pour tentures d'appartement, parmi celles que leur couleur ou leur fabrication désignait comme pouvant contenir de l'arsenic ou des métaux toxiques. Ces échantillons, au nombre de douze, ont été examinés par le Laboratoire et ont donné à l'analyse les résultats suivants :

1e *Arsenic.* — *Néant* dans les 12 papiers et étoffes (papier rouge, papier vert foncé, papier bleu, papier vert pâle, papier jaune ; étoffe vert foncé, étoffe vert clair ; velours vert foncé ; étoffe jaune à dessins ; étoffe rouge velours ; étoffe jaune granitée, étoffe rouge vif granitée).

2e *Mercure.* — *Néant* dans tous les échantillons.

3e *Cuivre.* — *Néant* dans tous les échantillons.

4e *Plomb.* — Présence de ce métal dans le papier rouge et le papier vert foncé ; — absence complète dans les autres échantillons.

Rien à ajouter ici en ce qui concerne le mercure et le cuivre. La présence du plomb dans deux échantillons examinés ne me paraît pas présenter de danger, les poussières qui peuvent se détacher de ces deux papiers, devant toujours rester de poids très minimes, sauf les cas, qui ne peuvent se renouveler souvent pour des papiers de tentures en place, où ils peuvent être grattés ou froissés fortement.

Quant à l'arsenic, il est noté comme absent dans tous les échantillons examinés par le Laboratoire municipal. Mais notre expérience relative à la recherche très délicate de ce métalloïde, nous a appris que ses traces échappent facilement *quand on ne suit pas très exactement la méthode que nous avons publiée*, en particulier, quand on attaque les matières organiques en présence des corps chlorés tels que le chlorate de potasse et l'acide chlorhydrique, et lorsqu'on entretient une à deux heures seulement l'appareil de Marsh ; les traces d'arsenic se déposant sur le tube *étroit*, chauffé sur 10 centimètres de long, qui termine l'appareil n'apparaissent souvent qu'au bout de la troisième et quelquefois de la quatrième heure.

Nous avons donc soumis à notre tour quelques-unes de ces étoffes et papiers à notre méthode de recherche de l'arsenic : le papier vert pâle, l'étoffe vert foncé, l'étoffe velours vert foncé et l'étoffe rouge vif granitée. Ces quatre échantillons nous ont donné les résultats suivants :

Papier vert pâle : *arsenic*, anneau très sensible pour un échantillon de 8 grammes.

Etoffe vert foncé : *arsenic*, anneau bien visible pour un échantillon pesant 15 grammes.

Velours vert foncé : *arsenic*, néant.

Etoffe rouge vif granitée : *arsenic*, néant.

Il existe donc de l'arsenic en petite quantité dans quelques-uns des échantillons.

Si l'on rapporte le poids de l'arsenic trouvé dans ce métalloïde au mètre carré de surface de tenture, on arrive *à peu près* aux nombres suivants :

Papier vert pâle : 0 mgr. 6 par mètre carré superficiel.

Etoffe vert foncé : 1 mgr. 3. par mètre carré superficiel.

Il ne me paraît pas qu'il faille s'alarmer de ces minimes quantités d'arsenic, au moins pour les étoffes qui ne laissent, pour ainsi dire pas détacher de poussières (1). Pour les papiers, et particulièrement pour les papiers granités, grenus ou veloutés, il semblerait que les poussières qui peuvent en provenir soient plus dangereuses ; mais que peuvent représenter en arsenic les quelques milligrammes de poussières qui se détachent d'un mètre carré de ces papiers au courant de l'année, poussières dont une très faible partie seulement peut être absorbée par les muqueuses, alors que tout le papier d'une pièce, par exemple de 4 mètres sur 4 mètres et 3 mètres de hauteur, *ne contient en tout que* 39 *milligrammes d'arsenic ?* Ce sont des quantités infinitésimales d'arsenic, de l'ordre des

---

(1) Dans le cas présent elles sont immobilisées.

millièmes de milligramme à peine, qui pourraient ainsi venir tous les jours au contact de notre peau et de nos muqueuses. Il n'y a là absolument aucun danger.

Le seul cas où ces papiers pourraient faire naître peut-être quelques soupçons d'insalubrité serait qu'ils fussent employés dans les lieux trop humides. Mais, dans ce cas, on serait averti de l'œuvre des moisissures par le dégagement de gaz alliacés.

Je conclus donc que les papiers et tentures que vous m'avez envoyés ne font courir aucun danger sérieux à la population ; je crois cependant qu'il *sera prudent* de faire *suivre de près* par le Laboratoire municipal la vente et la consommation des papiers de tenture veloutés, granités, etc., particulièrement ceux à teinte verte. Quoique les dangers auxquels ils exposent soient *problématiques*, ou du moins *extrêmement minimes, il n'y a pas de raison absolue de tolérer* l'emploi de papiers *arsenicaux*, qui, toutes les circonstances aidant, pourraient *provoquer des accidents ou simplement entretenir des inquiétudes*, qui ne sont pas *sans quelque raison d'être* (1).

(1) Ces conclusions, comme on le voit se réfèrent à une tapisserie de quarante huit mètres carrés dans lesquels l'analyse avait révélé *en totalité trente-neuf milligrammes d'arsenic* ; or l'analyse des seuls rideaux de la chambre

Veuillez, Monsieur le Préfet, recevoir l'expression bien sincère de mes dévoués sentiments.

Le Rapporteur,

Signé : Armand GAUTIER.

à coucher de Mme Danval, (chambre qui, en même temps, servait aussi de salon et de bureau), avait donné *trente grammes d'arsenic*, soit en chiffres ronds, *trente mille fois plus* qu'il n'en a été trouvé dans l'analyse précédente,

COUR DE CASSATION

CHAMBRE CRIMINELLE

Audience du 10 novembre 1904

AFFAIRE DANVAL

La Cour,

Ouï M. André Boulloche conseiller en son rapport, Me Mimerel, avocat en la Cour, en ses observations, et M. l'avocat général Cottignies en ses conclusions ;

Vu la lettre du garde des sceaux en date du 9 mars 1904 ;

Vu le réquisitoire du Procureur Général près la Cour de Cassation dénonçant à la Cour la condamnation à la peine des travaux forcés à perpétuité, prononcée le 10 mai 1878 par la cour d'assises de la Seine contre Danval, pour empoisonnement ;

Vu toutes les pièces de la procédure ;

Vu également les articles 443 à 445 du code d'instruction criminelle modifiés par la loi du 8 juin 1895 ;

Sur la recevabilité en la forme de la demande en révision ;

Attendu que la Cour est saisie par son procureur général en vertu d'un ordre exprès du Ministre de la Justice, agissant après avoir pris l'avis de la Commission instituée par l'article 444 du Code d'instruction criminelle ;

Que la demande rentre dans le cas prévu par le dernier paragraphe de l'article 443 ; qu'elle a été introduite dans le délai fixé par l'article 444, qu'enfin l'arrêt dont la revision est demandée a force de chose jugée ;

Attendu que les pièces produites ne mettent pas la Cour de Cassation en mesure de statuer au fond et qu'il y a lieu de procéder à une instruction supplémentaire ;

Par ces motifs, — déclare la demande recevable en la forme ; — dit qu'il sera procédé à une instruction supplémentaire ;

Ainsi délibéré et fait, etc.,

ORDONNANCE

DE LA COUR DE CASSATION, CHAMBRE CRIMINELLE CHAMBRE DU CONSEIL (19 novembre 1904)

Vu son arrêt en date du 10 novembre 1904, ordonnant qu'avant dire droit sur la demande en revision de l'arrêt de la Cour d'assises de la Seine du 10 mai 1878. qui a condamné Danval à la peine des travaux forcés à perpétuité pour crime d'empoisonnement, une instruction supplémentaire sera suivie conformément à l'art. 445 du code d'instruction criminelle ;

Attendu qu'il est prétendu à l'appui de la demande en revision que les théories scientifiques qui ont servi de base aux rapports des experts commis au cours de l'information suivie contre Danval, seraient erronées ; — que notamment, il aurait été démontré, contrairement à l'opinion unanimement admise lors du procès criminel, que l'arsenic existerait normalement dans le corps humain ; — que, par suite, la présence de traces d'arsenic qui a été constatée dans certains organes extraits du cadavre de la dame Danval pourrait être attribuée à une cause naturelle ;

Attendu qu'il importe de soumettre ces travaux des experts à une vérification scientifique ;

Commet : MM. BROUARDEL, HALLER, MOISSAN, POUCHET et OGIER, à l'effet de serment préalablement prêté devant le président de cette chambre, conformément à l'article 44 du code d'instruction criminelle ;

Procéder à un examen critique, tant des rapports médico-légaux que des analyses chimiques auxquelles a donné lieu l'information suivie contre Danval ;

Dire, si, eu égard aux découvertes scientifiques qui auraient été ultérieurement faites, les conclusions formulées dans les dits rapports doivent être tenues pour exactes ou considérées comme entachées d'erreur soit au point de vue médical, soit au point de vue chimique ou toxicologique ;

Dire si on peut expliquer, soit par la présence normale de l'arsenic dans l'organisme humain et notamment dans l'estomac, le foie et les intestins, soit par toute autre cause, inconnue lors des débats ou écartée par suite d'une erreur scientifique, l'existence des traces d'arsenic découvertes dans le cadavre de la dame Danval ;

Ordonne qu'il sera donné communication du dossier de la procédure criminelle aux experts et que ceux-ci, après avoir procédé à l'exécution de leur mission, déposeront un rapport au greffe de la chambre criminelle.

Ainsi délibéré et fait en la Chambre du Conseil de la Chambre criminelle, le dix-neuf novembre mil neuf cent quatre.

Signé à la minute :

Le Président : CHAMBAREAUD

Le Greffier : TOURNIER

Pour ne rien omettre, nous extrayons du « *Journal des Connaissances Médicales* » (année 1878-page 374,) une lettre qui fut adressée vers cette époque à ce Journal, à notre sujet. Elle a son intérêt, bien qu'elle fasse une réserve sur la valeur de la dispersion des poussières, question suffisamment expliquée aujourd'hui.

CORRESPONDANCE

« *Nous recevons la lettre suivante d'un de nos abonnés à propos de l'étude que nous publions sur l'affaire Danval* » :

Monsieur le Rédacteur,

« Vous avez émis des doutes sur la légitimité des affirmations du Dr Bergeron, au sujet de l'impossibilité de la formation des produits arsénicaux volatils par les étoffes qui renferment une grande quantité d'un composé arsénical. Je partage votre opinion à cet égard. J'écarterai tout d'abord, comme l'a fait l'accusation, la possibilité d'une intoxication par la présence dans l'air de particules arsénicales provenant de l'étoffe incriminée et ayant pénétré par les voies aériennes dans l'économie. Mais à côté de ce mode d'introduction de l'arsenic dans l'organisme, qui semblerait ne devoir exister que lorsque les couleurs arsénicales sont défectueusement fixées, il en est un autre qui a été signalé dans ces dernières années.

« Des empoisonnements ont pu avoir lieu alors que les couleurs arsénicales d'un papier de tenture avaient été préparées à l'huile et recouvertes d'un autre papier peint, — complètement inoffensif. On a pensé que dans ce cas, il se formait un composé arsénical volatil, probablement un arséniure d'hydrogène, qui se mêle à l'air et s'introduit dans l'organisme. C'est ainsi que les expériences de Flech, citées dans les débats, ont été répétées par le docteur Hemherg, qui a analysé l'air contenu dans un appartement dont les parois étaient garnies de papier arsenical. La pièce était vaste et bien aérée, les papiers qui garnissaient les murailles étaient parfaitement secs, leur mise en place datait de vingt-cinq à trente ans et les personnes qui y avaient habité n'avaient jamais éprouvé aucun accident toxique. Cependant, malgré toutes les circonstances qui semblaient témoigner de l'innocuité des peintures arsénicales, une minutieuse analyse de l'air y fit reconla présence d'arséniure d'hydrogène gazeux.

« Or, dans l'affaire Danval, il ne s'agissait pas pour la défense d'assigner une cause à la mort de madame Danval, mais bien d'expliquer la préence de la faible quantité d'arsenic trouvée dans l'économie.

« Nous pensons qu'on n'a pas tenu assez compte

de la quantité énorme d'arsenic contenue dans les rideaux du lit, et qui a bien pu donner naissance à un composé arsenical volatil tel que l'arséniure d'hydrogène (1).

« Veuillez agréer, Monsieur le Rédacteur, etc.

Dr L. »

Je crois, en terminant, ne pouvoir mieux clôturer ce recueil de pièces authentiques, anciennes et récentes qu'en citant tout au long l'une des nombreuses lettres qui m'ont été envoyées en Nouvelle-Calédonie en avril 1902, au moment où tous les efforts se concentrèrent pour obtenir ma grâce, prélude de la Révision.

Elle est du fils aîné de M. Bouis, mon excellent et vénéré maître.

C'est un modèle simple et touchant de piété filiale envers l'homme si humain, si juste et si honnête que fut son père et qui sut à un si haut

---

(1) *Note du journal.* — Tout en faisant quelque réserve au sujet de la production d'Arséniure d'hydrogène, dont l'existence n'a peut-être pas été démontrée d'une façon suffisante, il est incontestable, que dans les conditions citées par notre correspondant, il peut se produire un composé arsenical volatil, qui, ne se fixant pas sur les objets inanimés, étoffes, débris organiques, etc., peut néanmoins être absorbé par l'économie vivante.

degré inspirer à ses enfants la grandeur de l'exemple et du devoir accompli.

« Monsieur Danval,

« En ma qualité de fils de votre ancien maître, le professeur Bouis, aujourd'hui décédé, je suis heureux de vous annoncer que des amis puissants travaillent en France à la révision de votre procès. Pour ma faible part, j'apporte à l'œuvre commune les renseignements que je connais et qui m'ont été transmis par mon père regretté.

« En agissant ainsi, je ne puis que le remplacer, mais malheureusement bien imparfaitement. Il est mort avec la conviction de votre innocence et, je ne crains pas de le déclarer à haute voix.

« Prenez donc patience pauvre martyr, car le temps n'est pas bien éloigné, où je l'espère; votre innocence sera proclamée à la face de tous.

« Ayez confiance dans la Providence et elle ne vous abandonnera pas.

« Agréez, M. Danval, l'assurance de mon entier dévouement à votre juste cause,.

« Raymond Bouis,

Capitaine d'Artillerie. »

TABLE ALPHABÉTIQUE DES MATIÈRES

L'affaire Danval *(En revision)*.................. VII

Vingt-huit ans après 1

Article de M. le Dr Galippe 6

Premier Rapport. — Autopsie du cadavre de la dame Danval.. 11

Critique du Rapport d'auptopsie par M. le Dr Galippe.. 16

Deuxième Rapport (Analyses chimiques) 21

Analyse des organes extraits du cadavre....... 23

Recherches des poisons minéraux 25

Deuxième expérience 28

Examen de la mixture et des liquides odorants .. 32

CONCLUSIONS 35

Troisième Rapport (Causes de la mort) 41

Mémoire de M. Bouis 50

Interrogatoire de M. Jean Bouis.................. 65

1° *Symptômes incomplets*........................ 66

2° *Absence de lésions* 68

3° *Proportion infiniment faible de poison*......... 70

4° *Possibilité d'une ingestion accidentelle* 72

Réponse au mémoire de M. Bouis 74

I. — Examen des analyses nouvelles........... 75

Recherche de l'arsenic contenu dans le foie..... 77

Recherche de l'arsenic dans l'estomac 78

Recherche de l'arsenic dans les intestins........ 81

Recherche de l'arsenic dans les médicaments... 84

II. — Examens des objections a la partie médicale de notre rapport.................................. 87

Des symptômes de l'empoisonnement par l'arsenic.. 91

Consultation du professeur Gubler 107
Analyse des papiers de tenture et du rideau de lit. 111
Analyse des poumons, des muscles et du drap .. 113
Deuxième examen des rideaux du lit 117
Examen des vêtements de la dame Danval 120
Analyse des poussières de la chambre à coucher. 122
Analyse du vin que buvait Mme Danval......... 125
Analyse de 22 échantillons de sous-nitrate de bismuth 126
Examen du tapis, de la couverture et des rognures de parquet 130
Examen du sous-nitrate de bismuth et de la pâte de guimauve........................... 133
Déposition du Dr Cornil 136
Déposition du Dr Gallard 144
Altérations observées sur le cadavre 150
Résultats de l'analyse chimique 155
Deuxième article de M. le Dr Galippe......... 166
Du Fait nouveau (arsenic normal)........... 168
Conférence de M. Jacques Dhur............... 180
L'Affaire Danval 187
Conférence de M. le Professeur Béhal........ 188
Après la Conférence 212
A l'École de pharmacie.................... 213
Rapport de M. Ar. Gautier a M. le Préfet de police de la Seine 215
Cour de cassation, audience du 10 novembre 1904. 223
Ordonnance (Chambre du Conseil de la Cour de cassation), du 19 novembre 1904............ 224
Correspondance.............................. 227

Fontenay-aux-Roses (Seine). — Imp. Louis Bellenand.

www.ingramcontent.com/pod-product-compliance
Ingram Content Group UK Ltd.
Pitfield, Milton Keynes, MK11 3LW, UK
UKHW020545180726
13838UKWH00001B/46